GILLES
DELEUZE

FÉLIX
GUATTARI

Kafka: Por uma
literatura menor

FILŌMARGENS

autêntica

GILLES
DELEUZE

FÉLIX
GUATTARI

Kafka: Por uma literatura menor

1ª edição
7ª reimpressão

TRADUÇÃO Cíntia Vieira da Silva
REVISÃO DA TRADUÇÃO Luiz B. L. Orlandi

Copyright © 1975 by Les Éditions de Minuit
Copyright desta edição © 2014 Autêntica Editora

Título original: *Kafka: pour une littérature mineure*

Todos os direitos reservados pela Autêntica Editora Ltda. Nenhuma parte desta publicação poderá ser reproduzida, seja por meios mecânicos, eletrônicos, seja via cópia xerográfica, sem a autorização prévia da Editora.

COORDENADOR DA COLEÇÃO FILÔ
Gilson Iannini

CONSELHO EDITORIAL
Gilson Iannini (UFOP); Barbara Cassin (Paris); Carla Rodrigues (UFRJ); Cláudio Oliveira (UFF); Danilo Marcondes (PUC-Rio); Ernani Chaves (UFPA); Guilherme Castelo Branco (UFRJ); João Carlos Salles (UFBA); Monique David-Ménard (Paris); Olímpio Pimenta (UFOP); Pedro Süssekind (UFF); Rogério Lopes (UFMG); Rodrigo Duarte (UFMG); Romero Alves Freitas (UFOP); Slavoj Žižek (Liubliana); Vladimir Safatle (USP)

EDITORA RESPONSÁVEL
Rejane Dias

REVISÃO DA TRADUÇÃO
Luiz B. L. Orlandi

REVISÃO
Kátia Trindade
Lívia Martins

PROJETO GRÁFICO DE CAPA E MIOLO
Diogo Droschi

DIAGRAMAÇÃO
Christiane Morais

Dados Internacionais de Catalogação na Publicação (CIP)
(Câmara Brasileira do Livro, SP, Brasil)

Deleuze, Gilles
    Kafka : por uma literatura menor / Gilles Deleuze, Félix Guattari ; tradução Cíntia Vieira da Silva ; revisão da tradução Luiz B. L. Orlandi. -- 1. ed.; 7. reimp.-- Belo Horizonte : Autêntica, 2024. -- (Filô/Margens)

    Título original: Kafka: pour une littérature mineure.
    Bibliografia.
    ISBN 978-85-8217-312-1

    1. Kafka, Franz, 1883-1924 - Crítica e interpretação 2. Literatura alemã - História e crítica I. Guattari, Félix. II. Título. III. Série.

13-10808   CDD-830.9

Índices para catálogo sistemático:
1. Kafka, Franz : Literatura alemã : História e crítica 830.9

Belo Horizonte
Rua Carlos Turner, 420
Silveira . 31140-520
Belo Horizonte . MG
Tel.: (55 31) 3465 4500

São Paulo
Av. Paulista, 2.073 . Conjunto Nacional
Horsa I . Sala 309 . Bela Vista
01311-940 . São Paulo . SP
Tel.: (55 11) 3034 4468

www.grupoautentica.com.br
SAC: atendimentoleitor@grupoautentica.com.br

7. Capítulo 1
Conteúdo e expressão

19. Capítulo 2
Um Édipo grande demais

33. Capítulo 3
O que é uma literatura menor?

55. Capítulo 4
Os componentes da expressão

79. Capítulo 5
Imanência e desejo

97. Capítulo 6
Proliferação das séries

113. Capítulo 7
Os conectores

129. Capítulo 8
Blocos, séries, intensidades

145. Capítulo 9
O que é um agenciamento?

CAPÍTULO 1 [7]*
Conteúdo e expressão

---

* Os números entre colchetes nas margens do texto e no início das notas de rodapé correspondem, respectivamente, à numeração das páginas e das notas do original: DELEUZE, G.; GUATTARI, F. *Kafka: pour une littérature mineure*. Paris: Les Éditions de Minuit, 1996.

Cabeça curvada, cabeça reerguida. – Foto, som

Como entrar na obra de Kafka? É um rizoma, uma toca. O Castelo tem "entradas múltiplas" cujas leis de uso e distribuição a gente não sabe muito bem. O hotel de América tem inúmeras portas, principais e auxiliares, às quais velam outros tantos recepcionistas, e mesmo entradas e saídas sem portas. Parece, no entanto, que a *Toca*,[1] na novela com este nome, tem só uma entrada; no máximo, o bicho imagina a possibilidade de uma segunda entrada que teria apenas uma função de vigilância. Mas é uma armadilha, do bicho, e do próprio Kafka; toda a descrição da toca é feita para enganar o inimigo. Entrar-se-á, então, por qualquer parte, nenhuma vale mais que a outra, nenhuma entrada tem privilégio, ainda que seja quase um impasse, uma trincheira estreita, um sifão, etc. Procurar-se-á somente com quais outros pontos conecta-se aquele pelo qual se entra, por quais encruzilhadas e galerias se passa para conectar dois pontos, qual é o mapa do rizoma, e como ele se modificaria imediatamente se se entrasse por um outro ponto. O princípio

---

[1] Em português, o título da novela é *A construção*. Manteremos o termo "toca" ao longo do texto devido à sua importância conceitual para Deleuze e Guattari, uma vez que se trata de uma versão animal do rizoma, conceito de extrema importância em *Mil platôs*. (N.T.)

das entradas múltiplas impede, sozinho, a entrada do inimigo, o Significante, e as tentativas para interpretar uma obra que apenas se propõe, de fato, à experimentação.

[8] Tomamos uma entrada modesta, a do Castelo, na sala de pousada onde K descobre o *retrato* de um porteiro com a *cabeça curvada*, com o queixo afundado no peito. Esses dois elementos, o retrato ou a foto, a cabeça abatida curvada, são constantes em Kafka, com variáveis graus de autonomia. Foto dos pais em América. Retrato da senhora com peles na Metamorfose (aí, é a mãe real que tem a cabeça curvada, e o pai real que tem um uniforme de porteiro). Proliferação de fotos e de retratos no Processo, a partir do quarto da senhorita Bürstner até o atelier de Titorelli. A cabeça curvada que não pode mais levantar-se aparece o tempo todo, nas cartas, nas Cadernetas, e no Diário, nas novelas, ainda no Processo, em que os juízes têm as costas curvadas contra o teto, uma parte dos assistentes, o carrasco, o padre... A entrada que escolhemos não está somente, como era de se esperar, em conexão com outras coisas porvir. Ela própria é constituída pela conexão de duas formas relativamente independentes, a forma de conteúdo "cabeça-curvada", a forma de expressão "retrato-foto" que se reúnem no começo do Castelo. Nós não interpretamos. Dizemos somente que essa reunião opera um bloqueio funcional, uma neutralização de desejo experimental: a foto intocável, incomível,[2] interdita, emoldurada, que não pode mais gozar de sua própria vista, como o desejo impedido pelo telhado ou pelo teto, o desejo submisso que pode gozar apenas de sua própria submissão. E também o desejo que impõe a submissão, propaga-a, o desejo que julga e que condena (tal como o pai do Veredito, que curva tão forte a cabeça que o filho deve se ajoelhar). Lembrança edipiana de infância? A lembrança é

---

[2] Utilizamos um neologismo para acompanhar o que ocorre no original. A palavra empregada pelos autores é *imbaisable*, termo de uso já consagrado na gíria ou no uso familiar da língua. Trata-se de uma maneira bastante coloquial de se referir a alguém visto como não desejável do ponto de vista sexual. (N.T.)

o retrato de família ou foto de férias, com senhores de cabeça curvada, senhoras de colo enlaçado.[3] Ela bloqueia o desejo, tira decalques dele, assenta-o sobre estratos, corta-lhe de todas as suas conexões. Mas, então, que podemos nós esperar? É um impasse. Contudo, fica entendido que mesmo um impasse é bom, na medida em que pode fazer parte do rizoma. A cabeça que se reergue, a cabeça que bate no telhado ou no teto, parece responder à cabeça curvada. Ela é encontrada por toda parte em Kafka.[4] E no Castelo, ao retrato do porteiro, responde a evocação do campanário natal que "*subia reto* sem uma hesitação e se revigorava no alto"[5] (mesmo a torre do castelo, como máquina de desejo, evoca, de um modo triste, o movimento de um habitante que se tivesse *levantado* esbarrando no teto). No entanto, a imagem do campanário natal não seria ainda uma lembrança? O fato é que ela não mais age assim. Ela age como bloco de infância, e não como lembrança de infância, reerguendo o desejo, ao invés de assentá-lo, deslocando-o no tempo, desterritorializando-o, fazendo proliferar suas conexões, fazendo-o passar em outras intensidades (assim, a torre-campanário, como bloco, passa em duas outras cenas, a do professor e das crianças, de quem não se compreende o que dizem, e a cena familiar deslocada, reerguida ou revertida, onde são os adultos que se banham em uma bacia). Mas isso não é o importante. O importante é a musiquinha, ou, mais ainda o som puro intenso emanando do campanário, e da torre do castelo: "Um som

[9]

---

[3] [1] O pescoço feminino recoberto ou nu tem tanta importância quanto a cabeça masculina curvada ou reerguida: "O colo cercado de veludo negro", "o colarinho em renda de seda", "o colarinho de fina renda branca".

[4] [2] Já em uma carta a um amigo de infância, Oskar Pollak: "Quando o grande envergonhado levantava-se de seu tamborete, ele furava o teto de uma vez com seu crânio anguloso, e precisava contemplar telhados de palha sem fazer questão disso". *Et Journal 1913* [*Diário 1913*] (GRASSET, p. 280): "Ser esticado com uma corda que se lhe foi posta em volta do pescoço, passar pela janela do rés do chão de uma casa...".

[5] A tradução de Modesto Carone traz: "Aquela se estreitando definida, sem hesitação, reta para o alto [...]" (KAFKA, F. *O castelo*. Tradução de Modesto Carone. São Paulo: Companhia das Letras, 2000, p. 19). (N.T.)

[10] alado, um som alegre que fazia tremer a alma um instante; ter-se-ia dito, pois ele tinha também um acento doloroso, que ele vos ameaçava com a efetuação das coisas que vosso coração desejava obscuramente, depois o grande sino calou-se logo, substituído por um pequeno que soava fraco e monótono...".[6] É curioso como a intrusão do som se faz frequentemente em Kafka em conexão com o movimento de erguer ou reerguer a cabeça; Josefina, a camundonga; os jovens cães músicos (Tudo era música, sua maneira de levantar e pousar as patas, certos movimentos de sua cabeça..., eles andavam de pé sobre as patas de trás,... eles se reerguiam rapidamente..."[7]). É sobretudo na Metamorfose que aparece a distinção de dois estados do desejo, de um lado, quando Gregor cola-se ao *retrato* da dama com peles e inclina a cabeça em direção à porta, em um esforço desesperado para conservar alguma coisa em seu quarto de família que se está esvaziando, por outro lado, quando Gregor sai desse quarto, guiado pelo *som* vacilante do violino, planeja *trepar* até o pescoço descoberto de sua irmã (que não usa mais colarinho nem fita depois que perdeu sua situação social). Diferença entre um incesto plástico ainda edipiano, sobre uma foto materna, e um incesto esquizo, com a irmã e a musiquinha que daí sai estranhamente? A música parece sempre tomada em um devir-criança, ou em um devir-animal indecomponível, bloco sonoro que se opõe à lembrança visual. "A obscuridade, por favor! Eu não poderia tocar na claridade,

---

[6] "[...] um toque de sino alado e alegre, que pelo menos por um momento fez seu coração estremecer, como se o ameaçasse – pois o toque era também doloroso – a realidade daquilo a que certamente aspirava. Logo, porém, esse grande sino emudeceu e foi substituído por um sininho fraco e monótono [...]" (KAFKA, 2000, p. 30). (N.T.)

[7] "Tudo era música. O modo como erguiam e baixavam os pés, certas viradas da cabeça [...], um apoiava as patas dianteiras em cima das costas do mais próximo, e depois os sete se compunham de tal modo que o primeiro suportava o peso de todos os outros [...]" (KAFKA, F. Investigações de um cão. In: *Narrativas do espólio*. Tradução de Modesto Carone. São Paulo: Companhia das Letras, 2002, p. 150-151). (N.T.)

disse eu me *reerguendo*."[8] Poder-se-ia acreditar que há aí duas novas formas: cabeça reerguida como forma de conteúdo, som musical como forma de expressão. É preciso escrever as seguintes equações:

$$\frac{\text{Cabeça curvada}}{\text{Retrato-foto}} = \text{desejo bloqueado, submisso ou submissor, neutralizado, de conexão mínima, lembrança de infância, territorialidade ou reterritorialização.}$$ [11]

$$\frac{\text{Cabeça levantada}}{\text{Som musical}} = \text{desejo que se reergue, ou se desfia, e se abre a novas conexões, bloco de infância ou bloco animal, desterritorialização.}$$

Não é isso ainda. Não é certamente a música organizada, a forma musical, que interessa Kafka (em suas cartas e seu diário só se retiram anedotas insignificantes sobre alguns músicos). Não é uma música composta, semioticamente formada, que interessa a Kafka, mas uma pura matéria sonora. Se recenseamos as principais cenas de intrusão sonora, obtemos basicamente: o concerto *à la* John Cage, em Descrição de um combate em que 1°) o Devoto vem tocar piano, porque ele está prestes a ser feliz; 2°) não sabe tocar; 3°) não toca de modo algum ("Dois senhores tomaram a banqueta e me carregaram desse modo para o outro canto do cômodo, assobiando uma pequena ária e me balançando em cadência"); 4°) é felicitado por ter tocado tão bem. Em Investigações de um cão, os cães músicos produzem um grande tumulto, mas não se sabe como, já que eles não falam, não cantam nem latem, fazendo a música surgir do nada. Em Josefina, a cantora ou O povo dos ratos, é improvável que Josefina cante, ela assobia somente e não melhor do que um outro camundongo, antes, pior, de tal maneira que o mistério de sua arte inexistente torna-se ainda

---

[8] [3] *Descrição de um combate*. (A primeira parte de *Descrição de um combate* desenvolve constantemente esse duplo movimento cabeça curvada – cabeça reerguida, esta última em conexão com os sons.)

maior. Em *América*, Karl Rossman toca rápido demais ou lento demais, ridículo, e sentindo "um outro canto assomar nele".

Em *A metamorfose*, o som intervém, de início, como pio que [12] arrasta a voz de Gregor e embaralha a ressonância das palavras; e depois a irmã, embora música, consegue apenas fazer piar seu violão, incomodada pela sombra dos inquilinos. Esses exemplos bastam para mostrar que o som não se opõe ao retrato na expressão, *como* a cabeça erguida se opõe à cabeça curvada no conteúdo. Entre as duas formas de conteúdo, se as consideramos abstratamente, há mesmo uma oposição formal simples, uma relação binária, um traço estrutural ou semântico, que justamente não nos faz sair nem um pouco do "significante", e faz mais dicotomia do que rizoma. Mas se o retrato, por seu turno, é bem uma forma de expressão que corresponde à forma de conteúdo "cabeça curvada", não se dá o mesmo com o som. O que interessa a Kafka é uma pura matéria sonora intensa, sempre em conexão com *sua própria abolição*, som musical desterritorializado, grito que escapa à significação, à composição, ao canto, à palavra, sonoridade em ruptura para se desgarrar de uma corrente ainda demasiado significante. No som, só a intensidade conta, geralmente monótona, sempre assignificante: assim, no Processo, o grito de um só tom do comissário que se faz fustigar "não parecia vir de um homem, mas de uma máquina de sofrer".[9,10] Enquanto há forma, há ainda reterritorialização, mesmo na música. A arte de Josefina, ao contrário, consiste em que, não sabendo cantar mais que os outros camundongos, e assoviando, antes,

---

[9] [4] Aparições múltiplas do grito em Kafka: gritar para se ouvir gritar – o grito de morte do homem do escritório fechado. "Bruscamente, eu gritei. Apenas para ouvir um grito ao qual nada responde tirando-lhe a força e que, sem contrapartida, eleva-se, então, sem fim, mesmo depois de se ter calado..." (*Contemplations* [*Contemplações*]).

[10] "[...] não parecia o grito de uma pessoa, mas de um instrumento martirizado" (KAFKA, F. *O processo*. Tradução de Modesto Carone. São Paulo: Companhia das Letras, 1997. p. 109-110). "[...] nos livrar de uma vez de todas as preocupações cotidianas [...]". (KAFKA, F. Josefina, a cantora ou O povo dos ratos. In: *Nas galerias*. Tradução de Flávio R. Kothe. São Paulo: Estação Liberdade, 1989. p. 122). (N.T.)

pior, ela opera talvez uma desterritorialização do "assobio tradicional", e o libera "das cadeias da existência cotidiana".[11]

Em suma, o som não aparece aqui como uma forma de expressão, mas bem como uma *matéria não formada de expressão*, que vai reagir sobre os outros termos. De uma parte, servirá para exprimir os conteúdos que se revelarão relativamente cada vez menos formalizados: assim, a cabeça que se reergue cessa de valer por si mesma e, formalmente, ela não é mais que uma substância deformável, arrastada, carregada por uma torrente de expressão sonora – como Kafka faz dizer o macaco em *Relato a uma academia*, não se trata do movimento vertical bem formado na direção do céu ou diante de si, não se trata mais de bater no teto, mas de "escapar de ponta-cabeça", não importa onde, mesmo sem sair do lugar, intensamente; não se trata de *liberdade* por oposição à submissão, mas somente de uma linha de fuga, ou, ainda, de uma simples *saída*, "à direita, à esquerda, ou que fosse",[12] a menos significante possível. De outra parte, as formalizações mais firmes, mais resistentes, do tipo retrato ou cabeça curvada, vão perder elas mesmas sua rigidez, para proliferar, ou preparar um levante, que as faz escapar seguindo linhas de intensidades novas (mesmo as costas curvadas dos juízes emitem um estalo sonoro que envia a justiça aos sótãos; e as fotos, os quadros, proliferarão no Processo para tomar uma nova função). Os desenhos de Kafka, os bonecos e as silhuetas lineares que ele gosta de desenhar são, sobretudo, cabeças curvadas, cabeças erguidas ou reerguidas, e figuras de ponta-cabeça. Ver as reproduções no número Kafka de *Obliques*.[13]

[13]

---

[11] "[...] nos livrar de uma vez de todas as preocupações cotidianas [...]". (KAFKA, 1989, p. 122). (N.T.)

[12] "[...] à direita, à esquerda, para onde quer que fosse [...]" (KAFKA, F. Um relatório para uma academia. In: *Essencial Franz Kafka*. Seleção, tradução e introdução de Modesto Carone. São Paulo: Penguin Classics; Companhia das Letras, 2011. p. 117). (N.T.)

[13] KAFKA, F. *Revue Obliques*, n. 3, 1973, edição com 160 páginas, repleta de ilustrações e fotografias, além de textos de autores renomados. (N.T.)

Não tentamos encontrar arquétipos, que seriam o imaginário de Kafka, sua dinâmica ou seu bestiário (o arquétipo procede por assimilação, homogeneização, temática, ao passo que encontramos nossa regra apenas quando se insinua uma pequena linha heterogênea, em ruptura). Mais ainda, não [14] buscamos associações ditas livres (conhecemos o triste destino destas, sempre nos conduzir à lembrança de infância, ou, pior ainda, ao fantasma, não porque elas fracassam, mas porque está compreendido no princípio de sua lei escondida). Não procuramos tampouco interpretar, e dizer que isto quer dizer aquilo.[14] Mas, sobretudo, procuramos ainda menos uma estrutura, com oposições formais e significante já feito: pode-se sempre estabelecer relações binárias, "cabeça curvada-cabeça reerguida", "retrato-sonoridade", e, depois, relações biunívocas "cabeça curvada-retrato", "cabeça reerguida-sonoridade" – é estúpido, enquanto não se vê por onde e em direção a que escoa o sistema, como ele devém, e qual elemento vai desempenhar o papel de heterogeneidade, corpo saturante que faz fugir o conjunto, e que quebra a estrutura simbólica, não menos que a interpretação hermenêutica, não menos que a associação de ideias laicas, não menos que o arquétipo imaginário. Pois não vemos muita diferença entre todas essas coisas aí (quem pode dizer a diferença entre uma oposição diferencial estrutural e um arquétipo imaginário cuja propriedade é se diferenciar?). Acreditamos apenas numa *política* de Kafka, que não é nem imaginária nem simbólica. Acreditamos apenas em uma ou algumas *máquinas* de Kafka, que não são nem estrutura nem fantasma. Acreditamos apenas em uma *experimentação* de Kafka, sem interpretação nem significância, mas somente protocolos de experiência: "eu não quero julgamento dos homens, só busco

---

[14] [5] Por exemplo, Marthe Robert não propõe apenas uma interpretação psicanalítica edipiana de Kafka, como também quer que os retratos e as fotos sejam *trompe-l'oeil* cujo sentido deve ser penosamente decifrado, e que as cabeças curvadas signifiquem buscas impossíveis (*Oeuvres complètes* III, Cercle du livre précieux, p. 380 [*Obras completas* III, Círculo do livro precioso, p. 380]).

propagar conhecimentos, contento-me em relatar; mesmo com os senhores, Eminentes Senhores da Academia, eu me contentei [15] em relatar".[15,16] Um escritor não é um homem escritor, é um homem político,[17] e é um homem máquina, e é um homem experimental (que cessa, assim, de ser homem para devir macaco, ou coleóptero, ou cão, ou camundongo, devir-animal, devir-inumano, pois em verdade é pela voz, é pelo som, é por um estilo que a gente se torna animal, e seguramente por força de sobriedade). Uma máquina de Kafka é, portanto, constituída por conteúdos e expressões formalizadas em graus diversos como por matérias não formadas que nela entram, dela saem e passam por todos os estados. Entrar, sair da máquina, estar na máquina, percorrê-la, aproximar-se dela, ainda faz parte da máquina: são os estados do desejo, independentemente de toda interpretação. A linha de fuga faz parte da máquina. No interior ou no exterior, o animal faz parte da máquina-toca. O problema: de modo algum ser livre, mas encontrar uma saída, ou bem uma entrada, ou bem um lado, um corredor, uma adjacência, etc. Talvez seja preciso levar em conta vários fatores: a unidade puramente aparente da máquina, a maneira pela qual os homens são eles mesmos peças da máquina, a posição do desejo (homem ou animal) relativamente a ela. Na Colônia penal, a máquina parece ter uma forte unidade, e o homem se introduz completamente nela – talvez seja isto que acarrete a explosão final, o esfacelamento da máquina. Em *América*, ao contrário, K permanece exterior a toda uma série de máquinas, passando de uma à outra, expulso desde que tenta entrar: a máquina-barco, a máquina capitalista do

---

[15] KAFKA, F. Um relatório para uma academia. In: *Essencial Franz Kafka*. Seleção, tradução e introdução de Modesto Carone. São Paulo: Penguin Classics; Companhia das Letras, 2011. p. 123. (N.T.)

[16] "[...] não quero nenhum julgamento dos homens, quero apenas difundir conhecimentos; faço tão somente um relatório; também aos senhores, eminentes membros da Academia, só apresentei um relatório" (KAFKA, 2011, p. 123). (N.T.)

[17] Em francês, a expressão *homme politique*, aqui traduzida por "homem político", designa os políticos de profissão. (N.T.)

CONTEÚDO E EXPRESSÃO

tio, a máquina-hotel... No Processo, trata-se de novo de uma máquina determinada como máquina única de justiça; mas sua unidade é tão nebulosa, máquina de influenciar, máquina [16] de contaminação, que não há mais diferença entre dentro e fora. No Castelo, a aparente unidade cede lugar por seu turno a uma segmentaridade de fundo ("O castelo era, no fim das contas, apenas uma pequena vila miserável, um amontoado de choupanas vilarinhas... Não fui feito nem para os camponeses nem, sem dúvida, para o castelo. – Não há diferença entre os camponeses e o castelo, diz o professor"[18]); mas, desta vez, a indiferença do dentro e do fora não impede a descoberta de uma outra dimensão, uma espécie de adjacência marcada de pausas, paradas, onde se montam as peças, engrenagens e segmentos: "A estrada fazia um ângulo que se teria dito intencional, e, apesar de não se distanciar mais do castelo, ela cessava de se aproximar dele."[19] O desejo passa evidentemente por todas essas posições e esses estados, ou, antes, segue essas linhas: o desejo não é forma, mas processo, procedimento.[20]

---

[18] "[...] o castelo o decepcionou, na verdade era só uma cidadezinha miserável, um aglomerado de casas de vila [...] não tenho relação com os camponeses nem pertenço ao castelo."
"– Não há diferença entre os camponeses e o castelo – disse o professor" (KAFKA, 2000, p. 18-21). (N.T.)

[19] "[...] a rua [...] depois, como que de propósito, fazia uma curva e, embora não se afastasse do castelo, também não se aproximava dele" (KAFKA, 2000, p. 22). (N.T.)

[20] No original, "*processus, procès*". O primeiro termo designa todo tipo de processo, de desenvolvimento ou desdobramento, enquanto o segundo refere-se aos procedimentos jurídicos. (N.T.)

CAPÍTULO 2 [17]
Um Édipo grande demais

Duplo ultrapassamento:
os triângulos sociais, os devires-animais

A Carta ao pai, sobre a qual se apoiam as tristes interpretações psicanalíticas, é um retrato, uma foto, imiscuída em uma máquina de uma espécie totalmente outra. O pai de cabeça curvada...: não somente porque ele próprio é culpado, mas porque torna o filho culpado, e não cessa de julgá-lo. Tudo é culpa do pai: se tenho distúrbios de sexualidade, se não consigo me casar, se escrevo, se não posso escrever, se abaixo a cabeça nesse mundo, se tive que construir um outro mundo infinitamente desértico. Ela é, no entanto, muito tardia, essa carta. Kafka sabe perfeitamente que nada disso tudo é verdade: sua inaptidão para o casamento, sua escrita, a atração de seu mundo desértico intenso têm motivações perfeitamente positivas do ponto de vista da libido, e não são reações derivadas de uma conexão com o pai. Ele o dirá mil vezes, e Max Brod evocará a fraqueza de uma interpretação edipiana dos conflitos, mesmo infantis.[1] Contudo, o interesse da carta está em um certo [18]

---

[1] [1] "O próprio Kafka conhecia bem essas teorias (freudianas) e sempre as considerou como grosseiras aproximações que não levam em conta os detalhes ou, antes, não penetram até o coração do conflito" (BROD, M. *Franz Kafka*, Idées [Ideias], Gallimard, p. 38). (Contudo, Brod parece

deslizamento: Kafka passa de um Édipo clássico tipo neurótico, em que o pai bem-amado é odiado, acusado, declarado culpado, a um Édipo bem mais perverso, que se reverte na hipótese de uma inocência do pai, de uma "aflição" comum ao pai e ao filho, mas para dar lugar a uma acusação em enésimo grau, a uma reprovação tanto mais forte quanto se torna inassinalável e ilimitada (como a "moratória"[2] do Processo) através de uma série de operações paranoicas. Kafka o sente tão bem que dá a palavra ao pai na imaginação, e lhe faz dizer: você quer demonstrar "primeiramente que você é inocente, em segundo lugar, que sou culpado, e em terceiro lugar, que, por pura generosidade você está disposto não somente a me perdoar, mas, ainda, o que é ao mesmo tempo mais e menos, a provar e a crer você mesmo, ao encontro da verdade de outro lugar, que sou igualmente inocente".[3] Esse deslizamento perverso, que extrai da inocência suposta do pai uma acusação ainda pior, tem, evidentemente, uma meta, um efeito e um procedimento.

A meta é obter uma ampliação da "foto", um aumento até o absurdo. A foto do pai, desmedida, será projetada sobre o *mapa* geográfico, histórico e político do mundo, para recobrir vastas regiões dele: "Tenho a impressão de que somente podem me convir para viver as paragens que você não recobre ou aquelas

---

considerar que a experiência edipiana vale primeiro para a criança, e se encontra, em seguida, remanejada em função da experiência de Deus; p. 57-58). Em uma carta a Brod (novembro de 1917, *Correspondance [Correspondência]*, p. 236), Kafka diz que "as obras psicanalíticas, à primeira vista, saciam de maneira espantosa, ao passo que, imediatamente depois, acha-se com a mesma velha fome".

[2] *Atermoiement* pode também ser traduzido por adiamento. A opção por moratória visa a manter as ressonâncias de endividamento que o termo evoca. (N.T.)

[3] "[...] primeiro, que você é inocente; segundo, que sou culpado, e terceiro que, por pura grandiosidade você está disposto não só a me perdoar, mas – o que é mais ou menos o mesmo – demonstrar e crer pessoalmente que eu, seja como for contra a verdade, também sou inocente" (KAFKA, F. *Carta ao pai*. Tradução de Modesto Carone. São Paulo: Brasiliense, 1986. p. 69). (N.T.)

que não estão ao seu alcance".[4] Edipianização do universo. O nome do pai sobrecodifica os nomes da história, judeus, tchecos e alemães, Praga, cidade-campo. Mas, por aí, à medida que se amplia Édipo, essa espécie de aumento ao microscópico faz surgir o pai pelo que ele é, dá-lhe *uma agitação molecular em que se desenrola um combate totalmente outro*. Dir-se-ia que projetando a foto do [19] pai sobre o mapa do mundo desbloqueou-se o impasse próprio à foto, inventou-se uma saída para esse impasse, colocou-se-o em conexão com toda uma toca subterrânea, e com todas as saídas dessa toca. Como diz Kafka, o problema não é o da liberdade, mas o de uma saída. A questão do pai não é como devir livre relativamente a ele (questão edipiana), mas como encontrar um caminho ali onde ele não encontrou. A hipótese de uma inocência comum, de uma aflição comum ao pai e ao filho, é, portanto, a pior de todas: o pai nela aparece como o homem que teve que renunciar a seu próprio desejo e a sua própria fé, quando mais não fosse, apenas, para sair do "gueto rural" em que nasceu, e que só chama o filho para se submeter porque ele mesmo se submeteu a uma ordem dominante em uma situação aparentemente sem saída ("Tudo isso não é um fenômeno isolado, a situação era mais ou menos a mesma para uma grande parte dessa geração judia que se encontrava em um estado de transição, tendo deixado o campo onde se era ainda relativamente piedoso para ir se estabelecer nas cidades..."[5]). Em suma, não é Édipo que produz a neurose, é a neurose, *quer dizer, o desejo já submetido e buscando comunicar sua própria submissão*, que produz Édipo. Édipo valor de mercado da neurose. Inversamente, ampliar e engordar Édipo, exagerá-lo, fazer dele um uso perverso ou paranoico, é já sair da submissão, reerguer a cabeça, e ver por sobre o ombro do pai o que estava em questão todo o tempo nessa história:

---

[4] "Para mim, então, é como se entrassem em consideração apenas as regiões que você não cobre ou que não estão ao seu alcance" (KAFKA, 1986, p. 65). (N.T.)

[5] "Certamente esse conjunto não é um fenômeno isolado; sucedia coisa semelhante a uma grande parte dessa geração de transição de judeus que emigraram do campo ainda relativamente religioso para as cidades [...]" (KAFKA, 1986, p. 47). (N.T.)

toda uma micropolítica do desejo, impasses e saídas, submissões e retificações. Abrir o impasse, desbloqueá-lo. Desterritorializar Édipo no mundo, em lugar de se reterritorializar sobre Édipo e na família. Mas, para isso, era preciso ampliar Édipo ao absur-[20] do, até o cômico, escrever a Carta ao pai. O erro da psicanálise é de se deixar prender nela e de nos prender a ela, porque ela mesma vive do valor de mercado da neurose, do qual ela tira toda a sua mais-valia. "A revolta contra o pai é uma comédia, não uma tragédia."[6]

Dois anos após a Carta ao pai, Kafka admite que ele próprio se "jogou na insatisfação", e que nela se jogou "com todos os meios que (sua) época e a tradição (lhe) tornavam acessíveis".[7] Eis que Édipo é um desses meios, bastante moderno, tornado corrente no tempo de Freud, permitindo muitos efeitos cômicos. Basta engordá-lo: "É estranho que, praticando a insatisfação bem sistematicamente, toda comédia possa tornar-se realidade." Mas Kafka não recusa a influência exterior do pai para invocar uma gênese interior ou uma estrutura interna que seriam ainda edipianas. "É-me impossível admitir que os inícios de minha infelicidade tenham sido interiormente necessários, eles podem ter tido uma certa necessidade, mas não uma necessidade interior, vieram sobre mim *voejando como moscas* e teriam podido ser espantados tão facilmente quanto elas." Aí está o essencial: para além do exterior e do interior, uma agitação, uma dança molecular, toda uma conexão-limite com o Fora que vai tomar a máscara de Édipo desmesuradamente engordado.

Pois o efeito de ampliação cômica é duplo. De uma parte, descobre-se por trás do triângulo familiar (pai-mãe-criança) outros triângulos infinitamente mais ativos, dos quais a família mesma toma emprestada sua própria potência, sua missão de propagar a submissão, de baixar e fazer baixar a cabeça. Pois é *isso* que a libido da criança investe desde o início: através da [21] foto de família, todo um mapa do mundo. Ora um dos termos do triângulo familiar encontra-se substituído por um outro termo

---

[6] [2] JANOUCH, G. *Kafka m'a dit* [*Kafka me disse*], Calmann-Lévy, p. 45.

[7] [3] *Journal* [*Diário*], 24 de janeiro de 1922, p. 538.

que basta para desfamiliarizar o conjunto (assim a loja familiar coloca em cena pai-empregados-filho, o filho colocando-se do lado do último dos empregados cujos pés ele quereria lamber; ou então, no Veredito, o amigo da Rússia toma o lugar de um dos termos do triângulo, e o transforma em um aparelho judiciário ou de condenação). Ora é todo o triângulo que muda de forma e de personagens, e se revela judiciário, ou econômico, ou burocrático, ou político, etc. Assim, o juiz - o advogado - o acusado, no Processo, em que o pai não tem mais existência enquanto tal (ou bem o trio tio-advogado-Block, que querem a todo custo que K leve a sério seu processo). Ou ainda os trios que proliferam, empregados de banco, policiais, juízes. Ou ainda o triângulo geopolítico alemães-tchecos-judeus, que se perfila por trás do pai de Kafka: "Em Praga, reprovava-se (aos judeus) por não serem tchecos, em Saaz e em Eger, por não serem alemães. [...] Os que queriam ser alemães faziam-se atacar pelos tchecos, e ao mesmo tempo pelos alemães".[8] É por esta razão que a hipótese da inocência e da aflição do pai forma a pior acusação, o pai tendo feito apenas abaixar a cabeça, submeter-se a um poder que não era o seu, colocar-se num impasse, traindo sua origem de judeu tcheco dos campos. Assim, o triângulo familiar bem formado demais era apenas um condutor para investimentos de uma natureza completamente outra, que o filho não cessa de descobrir sob seu pai, em sua mãe, em si mesmo. Os juízes, comissários, burocratas, etc., não são substitutos do pai, é antes o pai que é um condensado de todas essas forças às quais ele mesmo se submete e convida seu filho a se submeter. A família só tem portas nas quais batem desde o início as *"potências diabólicas" que se regozijam terrivelmente por se introduzir um dia*.[9] O que angustia ou goza em Kafka não é o pai, o supereu, nem um significante qualquer, já é a máquina tecnocrática americana, ou burocrática russa, ou a máquina fascista. E à medida que o triângulo

[22]

---

[8] [4] HERZL, T. citado por WAGENBACH, *Franz Kafka, Annés de jeunesse* [*Franz Kafka, Anos de juventude*], tradução francesa Mercure, p. 69.

[9] [5] Carta a Brod em WAGENBACH, p. 156: "As potências diabólicas, qualquer que fosse sua mensagem, faziam apenas roçar nas portas por onde (elas) já se regozijavam por se introduzir um dia".

familiar se desfaz, em um de seus termos ou todo inteiro de um só golpe, em proveito dessas *potências* que estão realmente em operação, diríamos que os outros triângulos surgindo por trás têm algo de vago, de difuso, em perpétua transformação de uns nos outros, seja que um dos termos ou cimos põe-se a proliferar, seja que o conjunto dos lados não cesse de se deformar. Assim, no começo do Processo, três personagens não identificados transformam-se em três empregados de banco, em uma relação movente com os três inspetores e com os três curiosos agrupados à janela. Na primeira representação do tribunal, lida-se ainda com um triângulo bem determinado, com o juiz e dois lados, direito e esquerdo. Mas, ulteriormente, assiste-se a uma proliferação interna como a uma invasão cancerosa, embaralhamento inextricável de escritórios e de burocratas, hierarquia infinita e inapreensível, contaminação de espaços suspeitos (com meios totalmente outros, encontraríamos o equivalente em Proust, em que a unidade das pessoas e as figuras que elas constituem dão lugar a nebulosas, a conjuntos vagos proliferantes). Do mesmo modo, por trás do pai, toda a nebulosa dos judeus, tendo deixado o meio rural tcheco para ir em direção ao conjunto alemão das [23] cidades, com o risco de ser atacados pelos dois lados – triângulo de transformação. Não há criança que não seja capaz de saber isso: elas têm todo um mapa geográfico e político com contornos difusos, moventes, que seja apenas em função das babás, das domésticas, dos empregados, do pai, etc. E se o pai mantém o amor e a estima de seu filho, é porque ele próprio enfrentou em sua juventude certas potências diabólicas, com o risco de ser vencido.

De outra parte, à medida que a ampliação cômica de Édipo deixa ver ao microscópio esses outros triângulos opressores, aparece ao mesmo tempo a possibilidade de uma saída para escapar dele, uma linha de fuga. Ao inumano das "potências diabólicas" responde o subumano de um devir-animal: devir coleóptero, devir cachorro, devir macaco, antes "escapulir de ponta-cabeça revirando-se", do que baixar a cabeça e permanecer burocrata, inspetor, juiz ou julgado. Aí, ainda, não há criança que não construa ou experimente essas linhas de fuga, esses devires animais. E o animal como devir não tem nada a ver com um substituto do pai, nem com um arquétipo. Pois o pai, enquanto judeu deixando o campo para se estabelecer na cidade, é, sem dúvida, tomado em um movimento de desterritorialização real; mas não cessa de se reterritorializar, na família, em seu comércio, no sistema de suas submissões e de suas autoridades. Quanto aos arquétipos, são procedimentos de reterritorialização espiritual.[10] Os devires animais são totalmente o contrário: são desterritorializações absolutas, ao menos em princípio, que penetram no mundo desértico investido por Kafka. "O poder de atração do meu mundo [24] é grande ele também, os que me amam me amam porque sou *despovoado*, e talvez me amem apenas enquanto vácuo de Weiss,[11] mas porque sabem que em meus bons momentos a *liberdade de movimento* que me falta completamente aqui me é concedida em outra esfera".[12] Devir animal é precisamente fazer o movimento, traçar a linha de fuga em toda sua positividade, ultrapassar um limiar, atingir um continuum de intensidades que só valem por si mesmas, encontrar um mundo de intensidades puras, em que todas as formas se desfazem, todas as significações também, significantes e significados, em proveito de uma matéria não formada, de fluxos desterritorializados, de signos assignificantes. Os animais de Kafka não remetem jamais a uma mitologia, nem a arquétipos, mas correspondem somente a gradientes ultrapassados, a zonas de intensidades liberadas em que os conteúdos se franqueiam de suas formas, não menos que as expressões dos significantes que as formalizava. Nada além de movimentos, vibrações, limiares, em

---

[10] [6] Cf., por exemplo, a longa desconfiança de Kafka a respeito do sionismo (enquanto reterritorialização espiritual e física) (WAGENBACH, p. 164-167).

[11] Pierre-Ernst Weiss (1865-1940) físico francês que desenvolveu teorias no âmbito do ferromagnetismo e do campo molecular, construindo um modelo para pensar e analisar sistemas com corpos múltiplos estudando cada corpo de modo isolado. (N.T.)

[12] [7] *Journal* [*Diário*], 1922, p. 543.

uma matéria deserta: os animais, ratos, cães, macacos, baratas, distinguem-se somente por tal ou qual limiar, por tais ou quais vibrações, por tal caminho subterrâneo no rizoma ou toca. Pois esses caminhos são intensidades subterrâneas. No devir-rato, é um assovio que arranca às palavras sua música e seu sentido. No devir-macaco, é uma tosse que "parece inquietante, mas que não tem significação" (devir macaco da tuberculose). No devir-inseto, é um pio doloroso que arrasta a voz e embaralha a ressonância das palavras. Gregor torna-se barata, não apenas para fugir a seu pai, mas, antes, para encontrar uma saída lá [25] onde seu pai não soube encontrá-la, para fugir ao gerente, ao comércio e aos burocratas, para atingir esta região onde a voz apenas zumbe – "Você o ouviu falar? Era uma voz de animal, declarou o gerente".[13]

É verdade que os textos animais de Kafka são muito mais complexos do que dizemos. Ou, ao contrário, muito mais simples. Por exemplo, no Relato a uma academia, não se trata de um devir-animal do homem, mas de um devir homem do macaco; este devir é apresentado como uma simples imitação; e se a questão é achar uma saída (uma saída, e não a "liberdade"), essa saída não consiste de modo algum em fugir, ao contrário. Mas, por um lado, a fuga só é recusada como movimento inútil no espaço, movimento enganador da liberdade; ela é afirmada, em contrapartida, como fuga no mesmo lugar, fuga em intensidade. ("É isto que fiz, eu me esquivei, não tinha outra solução, já que descartamos a da liberdade"[14]). Por outro lado, a imitação é apenas aparente, posto que se trata não de reproduzir figuras, mas de produzir um continuum de intensidades em uma evolução *a-paralela e não simétrica*, em que

---

[13] "Você ouviu Gregor falar, agora?"
"– Era uma voz de animal – disse o gerente [...]." (KAFKA, F. A metamorfose. *Essencial Franz Kafka*. Seleção, tradução e introdução de Modesto Carone. São Paulo: Penguin Classics; Companhia das Letras, 2011. p. 239). (N.T.)

[14] "[...] foi o que fiz, caí fora. Eu não tinha outro caminho, sempre supondo que não era possível escolher a liberdade." (KAFKA, Um relatório para uma academia, 2011. p. 123). (N.T.)

o homem não *devém* menos macaco do que o macaco, homem. O devir é uma captura, uma possessão, uma mais-valia, jamais uma reprodução ou uma imitação. "Eu não estava seduzido pela ideia de imitar, eu imitava porque buscava uma saída e não por qualquer outra razão."[15] Com efeito, o animal capturado pelo homem encontra-se desterritorializado pela força humana, todo o começo do relato insiste nesse ponto. Mas a força animal desterritorializada, por sua vez, precipita e torna mais intensa a desterritorialização da força humana desterritorializante (se se pode dizer). "Minha natureza símia escapava de mim rapidamente, ela escorria em cambalhotas, ainda que meu primeiro professor tenha se tornado ele mesmo simiesco e teve logo que renunciar às lições para entrar num asilo."[16,17] Assim [26] se constitui uma conjunção de fluxos de desterritorialização, que transborda a imitação sempre territorial. É dessa maneira também que a orquídea parece reproduzir uma imagem de mosca, mas mais profundamente se desterritorializa nela, ao mesmo tempo em que a mosca, por sua vez, se desterritorializa acoplando-se à orquídea: captura de um fragmento de código, e não reprodução de uma imagem. (Em *Investigações de um cão*, toda ideia de semelhança é ainda mais energicamente eliminada: Kafka ataca "as tentações suspeitas de semelhança que a imaginação pode lhe propor"; através da solidão do cão, é a maior diferença, a diferença esquizo, que ele tenta apreender).

Sejam, então, os dois efeitos do desenvolvimento ou do engordamento cômico de Édipo: a descoberta pelo avesso

---

[15] "[...] não me atraía imitar os homens; eu imitava porque procurava uma saída, por nenhum outro motivo" (KAFKA, Um relatório para uma academia, 2011, p. 122). (N.T.)

[16] [8] Há outra versão do mesmo texto, em que se trata de um sanatório: cf. a tosse do macaco.

[17] "A natureza do macaco escapou de mim frenética, dando cambalhotas, de tal modo que com isso meu primeiro professor quase se tornou ele próprio um símio, teve de renunciar às aulas e precisou ser internado num sanatório" (KAFKA, Um relatório para uma academia, 2011, p. 122). (N.T.)

dos outros triângulos que agem sob e no triângulo familiar, o traçado *a fortiori* das linhas de fuga do devir-animal órfão. Nenhum texto parece mostrar melhor que a Metamorfose o liame entre os dois aspectos. O triângulo burocrático se constitui progressivamente: de início, o gerente, que vem ameaçar, exigir; depois o pai, que retomou o serviço no banco e que dorme de uniforme, atestando a potência ainda exterior à qual se submeteu, como se "até mesmo em sua casa ele esperasse a voz de um superior"; enfim, de um só golpe, a intrusão dos três burocratas locatários, que penetram agora na própria família, substituem-na, assentando-se "nos lugares que ocupavam antes o pai, a mãe e Gregor".[18] E, em correlação, todo o devir-animal de Gregor, seu devir coleóptero, escaravelho, besouro, barata, que traça a linha de fuga intensa com relação ao triângulo familiar, mas, sobretudo, com relação ao triângulo burocrático e comercial.

[27]

Mas, no momento mesmo em que se acredita apreender o liame de um para além e um aquém de Édipo, por que é que se está mais longe do que nunca de uma saída, por que se permanece em um impasse? É que há sempre o perigo de um retorno edipiano vigoroso. O uso perverso ampliador não bastou para conjurar todo refechamento, toda reconstituição do triângulo familiar que se encarrega ele mesmo tanto dos outros triângulos quanto das linhas animais. É neste sentido que a Metamorfose é a história exemplar de uma reedipianização. Dir-se-ia que o processo de desterritorialização de Gregor, em seu devir-animal, encontrou-se bloqueado em um momento. Por culpa de Gregor, que não ousa ir até o fim? Sua irmã, para lhe agradar, queria desocupar todo o quarto. Mas Gregor recusa que se lhe tire o *retrato* da dama das peles. Ele cola-se a este retrato como a uma última imagem territorializada. No fundo, é o que a irmã não tolera. Ela aceitava Gregor, ela queria como ele o incesto esquizo, o incesto de fortes conexões, o incesto com a irmã que se opõe

---

[18] "[...] onde antigamente o pai, a mãe e Gregor comiam [...]" (KAFKA, A metamorfose, 2011, p. 277). (N.T.)

ao incesto edipiano, o incesto que atesta uma sexualidade não humana como devir animal. Mas, ciumenta do retrato, ela se põe a odiar Gregor, e o condena. A partir daí, a desterritorialização de Gregor em seu devir-animal encalha: ele se faz reedipianizar pelo golpe de maçã, e só lhe resta morrer, maçã incrustada nas costas. Paralelamente, a desterritorialização da família nos triângulos mais complexos e diabólicos não tem lugar para prosseguir: *o pai expulsa os três burocratas locatários*, retorno ao princípio paternalista do triângulo edipiano, a família volta a se fechar sobre si mesma feliz. E mesmo assim não é certo que seja culpa de Gregor. Não seria antes que os devires-animais não chegam a preencher seu princípio, guardam sempre uma ambiguidade que faz sua insuficiência e os condena ao fracasso? Os animais não seriam ainda formados demais, significantes demais, territorializados demais? Não seria o conjunto do devir animal que oscila entre uma saída esquizo e um impasse edipiano? O cão, animal edipiano por excelência, de que Kafka fala frequentemente em seu diário e suas cartas, ao mesmo tempo em que bicho esquizo, tais como os cães músicos das Investigações, ou o cão diabólico da Tentação na aldeia. O fato é que as principais narrativas animalescas de Kafka foram escritas logo antes do Processo, ou paralelamente, como uma contrapartida do romance que se libera por sua conta de todo problema animal, em proveito de um problema mais elevado.

[28]

CAPÍTULO 3 [29]

O que é uma literatura menor?

A linguagem. – O político. – O coletivo

Justamente, só levamos em conta aqui conteúdos e suas formas: cabeça curvada-cabeça reerguida, triângulos-linhas de fuga. E é verdade que, no domínio da expressão, a cabeça curvada conjuga-se com a foto, cabeça reerguida com o som. Mas enquanto a expressão, sua forma e sua deformação não são consideradas por elas mesmas, não se pode achar saída verdadeira, mesmo no nível dos conteúdos. Só a expressão nos dá o *procedimento*. O problema da expressão não é colocado por Kafka de uma maneira abstrata universal, mas em relação com literaturas ditas menores – por exemplo, a literatura judia em Varsóvia ou em Praga. Uma literatura menor não é a de uma língua menor, mas antes a que uma minoria faz em uma língua maior. Mas a primeira característica, de toda maneira, é que, nela, a língua é afetada de um forte coeficiente de desterritorialização. Kafka define nesse sentido o impasse que barra aos judeus de Praga o acesso à escrita, e faz de sua literatura algo de impossível: impossibilidade de não escrever, impossibilidade de escrever em alemão, impossibilidade de escrever de outro modo.[1] Impossibilidade de não escrever, porque a consciência   [30]

---

[1]   [1] Carta a Brod, junho de 1921, *Correspondance* [*Correspondência*], p. 394, e os comentários de WAGENBACH, p. 84.

nacional, incerta ou oprimida, passa necessariamente pela literatura ("A batalha literária adquire uma justificação real na maior escala possível"). A impossibilidade de escrever de outro modo que não em alemão é para os judeus de Praga o sentimento de uma irredutível distância com a territorialidade primitiva tcheca. E a impossibilidade de escrever em alemão é a desterritorialização da própria população alemã, minoria opressiva que fala uma língua cortada das massas, como uma "linguagem de papel" ou de artifício; com mais forte razão os judeus que, a um só tempo, fazem parte dessa minoria e são dela excluídos, tais como "ciganos tendo roubado a criança alemã no berço". Em suma, o alemão de Praga é uma língua desterritorializada, própria a estranhos usos menores (cf., em outro contexto hoje, o que os negros podem fazer com o inglês norte-americano).

A segunda característica das literaturas menores é que tudo nelas é político. Nas "grandes" literaturas, ao contrário, *o caso individual* (familiar, conjugal, etc.) tende a juntar-se a outros casos não menos individuais, o meio social servindo de meio ambiente e de pano de fundo de maneira que nenhum desses casos edipianos é indispensável em particular, absolutamente necessário, mas que todos "fazem bloco" em espaço largo. A literatura menor é completamente diferente: seu espaço exíguo faz que cada caso individual seja imediatamente ligado à política. O caso individual torna-se, então, tanto mais necessário, indispensável, aumentado ao microscópio, quanto toda uma outra história se agite nela. É nesse sentido que o triângulo familiar conecta-se aos outros triângulos, comerciais, econômicos, burocráticos, jurídicos, que determinam os valores deles. Quando Kafka indica entre os objetivos de uma literatura menor "a depuração do conflito que opõe pais e filhos e a possibilidade de discuti-lo", não se trata de um fantasma edipiano, mas de um programa político. "Mesmo que o caso individual fosse às vezes meditado tranquilamente, não se chegaria, contudo, até suas fronteiras onde ele faz bloco com outros casos análogos; atinge-se antes a fronteira que o separa da política, vai-se mesmo até se esforçar por percebê-la antes que ela esteja lá e encontrar por toda parte esta fronteira se estreitando. [...] O que, no seio das grandes literaturas, se passa embaixo e constitui um porão não indispensável do edifício, passa-se aqui em plena luz; o que lá provoca uma aglomeração passageira, não acarreta nada menos aqui do que uma parada de vida ou de morte".[2]

A terceira característica é que tudo toma um valor coletivo. Com efeito, precisamente porque os talentos não abundam numa literatura menor, as condições de uma *enunciação individuada* não são dadas, que seria a de um tal ou qual "mestre", e poderia ser separada da *enunciação coletiva*. De maneira que esse estado da raridade dos talentos é de fato benéfico, e permite conceber outra coisa que uma literatura de mestres: o que o escritor sozinho diz já constitui uma ação comum, e o que ele diz ou faz é necessariamente político, mesmo que os outros não estejam de acordo. O campo político contaminou todo enunciado. Mas sobretudo, mais ainda, porque a consciência coletiva ou nacional é "frequentemente inativa na vida exterior e sempre em vias de desagregação", é a literatura que se encontra encarregada positivamente deste papel e desta função de enunciação coletiva, e mesmo revolucionária: é a literatura que produz uma solidariedade ativa, malgrado o ceticismo; e se o escritor está à margem ou apartado de sua comunidade [32] frágil, essa situação o coloca ainda mais em condição de exprimir uma outra comunidade potencial, de forjar os meios de uma outra consciência e de uma outra sensibilidade. Como o cão nas Investigações faz apelo em sua solidão a uma *outra ciência*. A máquina literária toma assim o lugar de uma máquina revolucionária porvir, de modo algum por razões ideológicas, mas porque só ela é determinada a satisfazer as condições de uma enunciação coletiva que faltam por toda outra parte nesse meio: *a literatura é a tarefa do povo*.[3] É bem nesses termos que o problema se coloca para Kafka. O enunciado não remete a

---

[2] [2] *Journal* [*Diário*], 25 de dezembro de 1911, p. 182.

[3] [3] *Journal* [*Diário*], 25 de dezembro de 1911, p. 181: "A literatura é menos a tarefa da história literária do que a tarefa do povo".

O QUE É UMA LITERATURA MENOR?   37

um sujeito de enunciação que seria sua causa, não mais que a um sujeito de enunciado que dele seria o efeito. Sem dúvida, Kafka pensou um certo tempo segundo as categorias tradicionais dos dois sujeitos, o autor e o herói, o narrador e o personagem, o sonhador e o sonhado.[4] Mas ele renunciará rapidamente ao princípio do narrador, assim como recusará, malgrado sua admiração por Goethe, uma literatura de autor ou de mestre. Josefina, a camundonga, renuncia ao exercício individual de seu canto para se fundir na enunciação coletiva da "inumerável multidão dos heróis de (seu) povo".[5] Passagem do animal individuado à matilha ou à multiplicidade coletiva: sete cães músicos. Ou então, ainda nas Investigações de um cão, os enunciados do investigador solitário tendem em direção ao agenciamento de uma enunciação coletiva da espécie canina, mesmo se esta coletividade não é mais ou ainda não é dada. Não há sujeito, *há apenas agenciamentos coletivos de enunciação* – e a literatura exprime esses agenciamentos, nas condições em que eles não estão dados fora dela, e em que eles existem somente como potências diabólicas porvir ou como forças revolucionárias a construir. A solidão de Kafka o abre a tudo o que atravessa a história hoje. A letra K não designa mais um narrador nem um personagem, mas um agenciamento tanto mais maquínico, um agenciamento tanto mais coletivo quanto mais um indivíduo se encontre a ele ligado em sua solidão (é apenas com relação a um sujeito que o individual seria separável do coletivo e conduziria sua própria tarefa).

[33]

---

[4] [4] Cf. *Préparatifs de noce la campagne [Preparativos de bodas no campo]*, p. 10: "Enquanto tu digas *a gente* em lugar de dizer *eu*, não é nada." E os dois sujeitos aparecem na p. 12: "Eu não tenho nem necessidade de ir para o campo, não é necessário. Eu envio para lá meu corpo vestido...", ao passo que o narrador permanece na cama como um coleóptero, um escornabois ou escaravelho. Sem dúvida, há aí uma origem do devir-coleóptero de Gregor na Metamorfose (do mesmo modo, Kafka renuncia a ir juntar-se a Felice e prefere permanecer deitado). Mas, justamente, na Metamorfose, o animal toma o valor de um verdadeiro devir, e não qualifica de modo algum a estagnação de um sujeito de enunciação.

[5] "[...] na incontável multidão dos heróis de nosso povo" (KAFKA, 1989, p. 139). (N.T.)

As três características da literatura menor são a desterritorialização da língua, a ligação do individual no imediato-político, o agenciamento coletivo de enunciação. É o mesmo que dizer que "menor" não qualifica mais certas literaturas, mas as condições revolucionárias de toda literatura no seio daquela que se chama grande (ou estabelecida). Mesmo aquele que tem a infelicidade de nascer no país de uma grande literatura deve escrever em sua língua como um judeu tcheco escreve em alemão, ou como um uzbeque escreve em russo. Escrever como um cachorro que faz seu buraco, um rato que faz sua toca. E, para isso, achar seu próprio ponto de subdesenvolvimento, seu próprio dialeto, seu próprio terceiro mundo, seu próprio deserto. Houve muitas discussões sobre: o que é a literatura marginal? – e também: o que é uma literatura popular, proletária, etc.? Os critérios são evidentemente muito difíceis, enquanto não se passe por um conceito mais objetivo, o de literatura menor. É somente a possibilidade de instaurar de [34] dentro um exercício menor de uma língua mesmo maior que permite definir literatura popular, literatura marginal, etc.[6] É somente a esse preço que a literatura se torna realmente máquina coletiva de expressão, e se faz apta a tratar, a carrear os conteúdos. Kafka diz precisamente que uma literatura menor é muito mais apta a trabalhar a matéria.[7] Por que, e o que é, essa *máquina de expressão*? Sabemos que ela tem com a língua uma relação de desterritorialização múltipla: situação dos judeus que abandonaram o tcheco ao mesmo tempo em que o meio rural, mas também situação da língua alemã como "linguagem de papel". Bem, iremos ainda mais longe, empurraremos ainda mais longe esse movimento de desterritorialização na expressão. Somente, há duas maneiras possíveis: ou bem enriquecer

---

[6] [5] Cf. RAGON, M. *Histoire de la littérature prolétarienne en France* [*História da literatura proletária na França*], Albin Michel: sobre a dificuldade dos critérios, e a necessidade de passar pelo conceito de "literatura de segunda zona".

[7] [6] *Journal* [*Diário*], 25 de dezembro de 1911, p. 181: "A memória de uma pequena nação não é mais curta que a de uma grande, ela trabalha portanto mais a fundo o material existente."

artificialmente esse alemão, inflá-lo de todos os recursos de um simbolismo, de um onirismo, de um senso esotérico, de um significante escondido – é a escola de Praga, Gustav Meyrink e muitos outros, dentre os quais Max Brod.[8] Mas essa tentativa implica um esforço desesperado de reterritorialização simbólica, à base de arquétipos, de Cabala e de alquimia, que acentua o corte em relação ao povo e só encontrará saída política no sionismo como "sonho de Sião". Kafka tomará rapidamente a outra maneira, ou, antes, a inventará. Optar pela língua alemã de Praga, tal como ela é, em sua pobreza mesma. Ir sempre mais longe na desterritorialização... por força de sobriedade. Já que o vocabulário é ressecado, fazê-lo vibrar em intensidade. Opor um uso puramente intensivo da língua a todo uso simbólico, ou mesmo significativo, ou simplesmente significante. Chegar a uma expressão perfeita e não formada, uma expressão material intensa. (Sobre as duas maneiras possíveis, não se poderia dizê-lo também, em outras condições, de Joyce e de Beckett? Todos dois, irlandeses, estão nas condições geniais de uma literatura menor. É a glória de uma tal literatura ser menor, vale dizer, revolucionária para toda literatura. Uso do inglês, e de toda língua, em Joyce. Uso do inglês e do francês em Beckett. Mas um não cessa de proceder por exuberância e sobredeterminação, e opera todas as reterritorializações mundiais. O outro procede por força de secura e de sobriedade, de pobreza querida, empurrando a desterritorialização até que não subsistam mais que intensidades.)

Quantas pessoas hoje vivem em uma língua que não é a sua? Ou então não conhecem mesmo mais a sua, ou não ainda, e conhecem mal a língua maior de que são forçados a se servir? Problema dos imigrados, e sobretudo de seus filhos. Problema das minorias. Problema de uma literatura menor, mas também para nós todos: como arrancar de sua própria língua uma literatura menor, capaz de escavar a linguagem, e de fazê-la escoar seguindo uma linha revolucionária sóbria? Como devir o nômade e o

[35]

---

[8] [7] Cf. WAGENBACH, o excelente capítulo "Praga na virada do século", sobre a situação da língua alemã na Tchecoslováquia, e a escola de Praga.

40

FILÔMARGENS

imigrante e o cigano de sua própria língua? Kafka diz: roubar a criança no berço, dançar sobre a corda bamba.

Rica ou pobre, uma linguagem qualquer implica sempre uma desterritorialização da boca, da língua e dos dentes. A boca, a língua e os dentes encontram sua territorialidade [36] primitiva nos alimentos. Consagrando-se à articulação dos sons, a boca, a língua e os dentes se desterritorializam. Há, então, uma certa disjunção entre comer e falar – e, mais ainda, malgrado as aparências, entre comer e escrever: sem dúvida pode-se escrever comendo, mais facilmente que falar comendo, mas a escrita transforma antes as palavras em coisas capazes de rivalizar com os alimentos. Disjunção entre conteúdo e expressão. Falar, e sobretudo escrever, é jejuar. Kafka manifesta uma permanente obsessão com o alimento, e com o alimento por excelência que é o animal ou a carne, e com o açougueiro, e com os dentes, dentes grandes sujos ou dourados.[9] É um dos principais problemas com Felice. Jejuar é também um tema constante no que Kafka escreve, é uma longa história de jejum. O artista da fome,[10] vigiado por açougueiros, termina sua carreira ao lado dos felinos que comem sua carne crua, colocando os visitantes diante de uma alternativa irritante. Os cães tentam ocupar a boca do cão das Investigações, enchendo-a de comida, para que ele cesse de colocar suas questões – e, aí também, alternativa irritante: "Por que antes não me expulsar, e me proibir de colocar questões? Não, não é isso que se queria, não se tinha a menor vontade de ouvir minhas questões, mas, por essas mesmas questões, hesitava-se em me expulsar." O cão das Investigações oscila entre duas ciências, a da comida, que é da Terra, e da cabeça abaixada ("De onde a [37]

---

[9] [8] Constância do tema dos dentes em Kafka. O avô açougueiro; a escola na ruela do açougue; os maxilares de Felice; a recusa de comer carne, salvo quando dorme com Felice em Marienbad.

[10] Traduzimos aqui *Champion de jeûne* por "O artista da fome" porque esta é a tradução já consagrada do título do conto de Kafka. Contudo, uma tradução mais literal, como "campeão de jejum", teria a vantagem de manter a palavra jejum, que é o tema discutido nas linhas anteriores e subsequentes. (N.T.)

terra toma essa comida?"[11]), e a ciência musical, que é do "ar" e da cabeça reerguida, como testemunham os sete cães músicos do começo e o cão cantor do fim: entre os dois, contudo, alguma coisa de comum, já que a comida pode vir do alto, e que a ciência da comida só avança pelo jejum, assim como a música é estranhamente silenciosa.

De ordinário, com efeito, a língua compensa sua desterritorialização por uma reterritorialização nos sentidos. Cessando de ser órgão de um sentido, ela se torna instrumento do Sentido. E é o sentido, como sentido próprio, que preside à afetação de designação dos sons (a coisa ou o estado de coisas que a palavra designa), e, como sentido figurado, à afetação de imagens e de metáforas (as outras coisas às quais a palavra se aplica sob certos aspectos ou certas condições). Não há, portanto, somente uma reterritorialização, espiritual, no "sentido", mas, física, por esse mesmo sentido. Paralelamente, a linguagem só existe pela distinção e a complementaridade de um sujeito de enunciação, em relação com o sentido, e de um sujeito de enunciado, em relação com a coisa designada, diretamente ou por metáfora. Um tal uso ordinário da linguagem pode ser nomeado *extensivo ou representativo*: função reterritorializante da linguagem (assim, o cão cantor do fim das Investigações força o herói a abandonar seu jejum, reedipianização de algum modo).

Ora, aí está: a situação da língua alemã em Praga, como língua ressecada, mesclada de tcheco ou de iídiche, vai tornar possível uma invenção de Kafka. Posto que isso é assim ("isso é assim, isso é assim", fórmula cara a Kafka, protocolo de um estado de fato...), abandonar-se-á o sentido, ele será subentendido, reter-se-á dele apenas um esqueleto ou uma silhueta de papel:

[38] 1º) O som articulado era um ruído desterritorializado, mas que se reterritorializava no sentido, agora, porém, é o som mesmo que vai se desterritorializar sem compensação, absolutamente. O som ou a palavra que atravessam essa nova desterritorialização não são da linguagem sensata, embora

---

[11] "De onde a terra retira esse alimento?" (KAFKA, Investigações de um cão, 2002, p. 160). (N.T.)

dela derivem, e não são tampouco uma música ou um canto organizado, embora deem um certo efeito disso. Nós o vimos, o pio de Gregor que embaralha as palavras, o assobio da camundonga, a tosse do macaco; e também o pianista que não toca, a cantora que não canta, e faz nascer seu canto do que ela não canta, os cães músicos, tanto mais músicos em todo seu corpo quanto não emitem música alguma. Por toda parte, a música organizada é atravessada por uma linha de abolição, como a linguagem sensata, por uma linha de fuga, para liberar uma matéria viva expressiva que fala por ela mesma e não tem mais necessidade de ser formada.[12,13] Esta linguagem arrancada ao sentido, conquistada sobre o sentido, operando uma neutralização ativa do sentido, só encontra sua direção em um acento de palavra, uma inflexão: "Eu só vivo daqui e dali no interior de uma pequena palavra na inflexão da qual perco, por um instante, minha cabeça inútil. [...] Minha maneira de sentir se aparenta à do peixe".[14] As crianças são muito hábeis no seguinte exercício: repetir uma palavra cujo sentido é apenas vagamente pressentido, para fazê-la vibrar sobre si mesma (no começo do Castelo, as crianças da escola falam tão rápido que não se compreende o que dizem). Kafka conta como, criança, ele se repetia uma expressão do pai para fazê-la escoar sobre uma linha de nonsense: "fim de mês, fim de mês..."[15] O nome [39]

---

[12] [9] *O processo*: "Ele acabou por notar que se falava com ele, mas não compreendeu; ele ouvia apenas um grande ronco que parecia encher todo o espaço, que era atravessado por uma espécie de som agudo como uma sirene".

[13] "Finalmente notou que os dois falavam com ele, mas não os entendia, só ouvia o barulho que preenchia tudo e através do qual, como uma sirene, um som alto e imutável parecia retinir" (KAFKA, 1997, p. 93). (N.T.)

[14] [10] *Journal* [*Diário*], p. 50.

[15] [11] *Journal* [*Diário*], p. 117: "Sem chegar a exigir ainda um sentido, a expressão *fim de mês* permanecia para mim um penoso segredo", ainda mais que ela se repetia todos os meses. – O próprio Kafka sugere que, se essa expressão permanece desprovida de sentido, é por preguiça e "fraca curiosidade". Explicação negativa, invocando a falta ou a impotência, retomada por Wagenbach. É corrente que Kafka apresente assim, ou esconda assim, seus objetos de paixão.

próprio que não tem sentido em si mesmo, é particularmente propício a esse exercício: Milena, com acento no *i*, começa por evocar "um grego ou um romano, perdido na Boêmia, violentado pelos tchecos, enganado sobre a pronúncia", depois, por aproximação mais fina, evoca "uma mulher que a gente leva nos braços, que se arranca do mundo ou do fogo", o acento marcando então a queda sempre possível ou, ao contrário "o salto de alegria que você faz com sua carga".[16]

2º) Parece-nos que há uma certa diferença, ainda que toda relativa e nuançada, entre as duas evocações do nome de Milena: uma se liga ainda a uma cena extensiva e figurada, do tipo fantasma; a segunda já é muito mais intensiva, marcando uma queda ou um salto como limiar de intensidade compreendido no próprio nome. Com efeito, eis o que se passa quando o sentido é ativamente neutralizado: como diz Wagenbach, "a palavra reina como mestre, ela dá diretamente nascimento à imagem". Mas como definir esse procedimento? Do sentido, subsiste somente algo para dirigir as linhas de fuga. Não há mais designação de alguma coisa segundo um sentido próprio, nem atribuição de metáforas segundo um sentido figurado. Mas a coisa *como* as imagens formam apenas uma sequência de estados intensivos, uma escala ou um circuito [40] de intensidades puras que se pode percorrer em um sentido ou em outro, de alto a baixo ou de baixo ao alto. A imagem é este percurso mesmo, ela se tornou devir: devir-cão do homem e devir-homem do cão, devir-macaco ou coleóptero do homem, e inversamente. Não estamos mais na situação de uma língua rica ordinária, em que, por exemplo, a palavra cão designaria diretamente um animal e se aplicaria por metáfora a outras coisas (das quais se poderia dizer "como um cão").[17]

---

[16] [12] *Lettres à Milena* [*Cartas a Milena*], Gallimard, p. 66. Fascínio de Kafka pelos nomes próprios, a começar pelos que ele inventa: cf. *Journal* [*Diário*], p. 268 (a propósito dos nomes do *Veredito*).

[17] [13] As interpretações dos comentadores de Kafka são tanto piores a esse respeito, quanto mais elas se regram sobre metáforas: assim, Marthe Robert lembra que os judeus são *como* cães; ou ainda "trata-se o artista como

Diário 1921; "As metáforas são uma das coisas que me tiram a esperança da literatura." Kafka mata deliberadamente toda metáfora, todo simbolismo, toda significação, não menos que toda designação. A metamorfose é o contrário da metáfora. Não há mais sentido próprio nem sentido figurado, mas distribuição de estados no leque da palavra. A coisa e as outras coisas não passam de intensidades percorridas pelos sons ou as palavras desterritorializadas seguindo sua linha de fuga. Não se trata mais de uma semelhança entre o comportamento de um animal e o de um homem, ainda menos de um jogo de palavras. Não há mais nem homem, nem animal, já que cada um desterritorializa o outro, em uma conjunção de fluxo, em um continuum de intensidades reversível. Trata-se de um devir que compreende, ao contrário, o máximo de diferença como diferença de intensidade, atravessamento de um limiar, elevação ou queda, baixa ou ereção, acento de palavra. O animal não fala "como" um homem, mas extrai da linguagem tonalidades [41] sem significação; as palavras mesmas não são "como" animais, mas trepam por sua conta, latem e pululam, sendo cães propriamente linguísticos, insetos e camundongos.[18] Fazer vibrar sequências, abrir a palavra sobre intensidades interiores inauditas, em suma, um *uso intensivo* assignificante da língua. Do mesmo modo, ainda, não há mais sujeito de enunciação nem sujeito de enunciado: não é mais o sujeito de enunciado que é um cão, o sujeito de enunciação permanecendo "como" um homem; não é mais o sujeito de enunciação que é "como" um besouro, o sujeito de enunciado permanecendo um homem. Mas um circuito de estados que forma um devir mútuo, no seio de um agenciamento necessariamente múltiplo ou coletivo.

---

morto de fome e Kafka faz dele o artista da fome; ou como parasita e ele faz dele um enorme verme" (*Oeuvres complètes*, Cercle du livre précieux [*Obras completas*, Círculo do livro precioso], t. V, p. 311). Parece-nos que é uma concepção simplista da máquina literária – Robbe-Grillet insistiu na destruição de toda metáfora por Kafka.

[18] [14] Cf., por exemplo, a Carta a Pollak, 1902, *Correspondance* [*Correspondência*], p. 26-27.

Em que a situação do alemão em Praga, vocabulário ressecado, sintaxe incorreta, favorece esse uso? Poder-se-ia chamar em geral *intensivos ou tensores* os elementos linguísticos, por mais variados que sejam, que exprimem "tensões interiores de uma língua". É nesse sentido que o linguista Vidal Sephiha denomina intensivo "todo instrumento linguístico que permite tender ao limite de uma noção ou ultrapassá-la", marcando um movimento da língua para os seus extremos, para um além ou um aquém reversíveis.[19] Vidal Sephiha mostra bem a variedade de tais elementos que podem ser palavras curingas, verbos ou preposições assumindo um sentido qualquer; verbos pronominais, ou propriamente intensivos como [42] no hebraico; conjunções, exclamações, advérbios; *termos que conotam dor.*[20] Poderíamos igualmente citar os acentos interiores às palavras, sua função discordante. Ora, ocorre que uma língua de literatura menor desenvolve particularmente esses tensores ou esses intensivos. Wagenbach, nas belas páginas em que analisa o alemão de Praga influenciado pelo tcheco, cita como características: o uso incorreto de preposições; o abuso do pronominal; o emprego de verbos curingas (como *Giben* para a série "colocar, assentar, pôr, tirar", que se torna a partir de então intensiva); a multiplicação e a sucessão dos advérbios; o emprego das conotações doloríferas; a importância do acento como tensão interior à palavra, e a distribuição das consonantes e das vogais como discordância interna. Wagenbach insiste sobre isto: todos esses traços de pobreza de uma língua se reencontram em Kafka, mas tomados num uso criador... a serviço de uma nova sobriedade, de uma nova expressividade,

---

[19] [15] Cf. SEPHIHA, H. V. Introduction à l'étude de l'intensif [Introdução ao estudo do intensivo]. In: *Langages* [*Linguagens*], Paris, v. 5, n. 18, p. 104-120, 1970. Tomamos emprestada a palavra "tensor" de J.-F. Lyotard, que dela se serve para indicar a conexão da intensidade e da libido.

[20] [16] SEPHIHA, 1970, p. 104-120. ("Pode-se pensar que toda fórmula acompanhando uma noção negativa de dor, de mal, de medo, de violência, pode dela se aliviar para reter apenas seu valor limite, ou seja, intensivo": por exemplo, o *sehr* alemão, 'muito', que vem do médio alto-alemão *ser,* 'doloroso'").

de uma nova flexibilidade, de uma nova intensidade.[21] "Nenhuma palavra, ou quase, escrita por mim concorda com a outra, eu ouço as consoantes rangerem umas contra as outras com um ruído de ferro velho, e as vogais cantarem como negros de Exposição".[22] *A linguagem deixa de ser representativa para tender para seus extremos ou seus limites.* A conotação de dor acompanha essa metamorfose, como quando as palavras se tornam pio doloroso em Gregor, ou o grito de Franz, "de um só jato e em um mesmo tom". Pensar no uso do francês como [43] língua falada nos filmes de Godard. Aí também, acumulação de advérbios e de conjunções estereotipadas, que acabam por constituir todas as frases: estranha pobreza que faz do francês uma língua menor em francês; procedimento criador que liga diretamente a palavra à imagem; meio que surge no fim da sequência, em relação com o intensivo do limite "é o bastante, é o bastante, ele se encheu"; intensificação generalizada, coincidindo com um panorâmico, em que a câmera gira e varre sem se deslocar, fazendo vibrar as imagens.

Talvez o estudo comparado das línguas seja menos interessante que o das funções da linguagem que podem se exercer para um mesmo grupo através das diferentes línguas: bilinguismo, e mesmo multilinguismo. Pois esse estudo das funções encarnáveis em línguas distintas só leva em conta diretamente fatores sociais, relações de forças, centros de poder muito diversos; ele escapa ao mito "informativo", para avaliar o sistema hierárquico e imperativo da linguagem como transmissão de ordens, exercício do poder ou resistência a esse exercício. Apoiando-se nas pesquisas de Ferguson e de Gumperz, Henri Gobard propõe por sua conta um modelo tetralinguístico: a língua vernacular, materna ou territorial, da comunidade rural ou de origem rural; a língua veicular, urbana, estatal ou mesmo mundial, língua de sociedade, de troca comercial, de transmissão burocrática, etc., língua de primeira desterritorialização; a língua referencial, língua do

---

[21] [17] WAGENBACH, p. 78-88 (sobretudo 78, 81, 88).

[22] [18] *Journal* [*Diário*], p. 17.

O QUE É UMA LITERATURA MENOR?   47

sentido e da cultura, operando uma reterritorialização cultural; a língua mítica, no horizonte das culturas, e de reterritorialização espiritual ou religiosa. As categorias espaço-temporais dessas línguas diferem sumariamente: a língua vernácula está [44] *aqui*; veicular, *por toda parte*; referencial, *lá*; mítica, *além*. Mas, sobretudo, a distribuição dessas línguas varia de um grupo a outro e, para um mesmo grupo, de uma época a outra (o latim foi por muito tempo na Europa língua veicular, antes de se tornar referencial, depois mítica; o inglês, língua veicular mundial hoje).[23,24] O que pode ser dito em uma língua não pode ser dito em outra, e o conjunto do que pode ser dito e do que não pode sê-lo varia necessariamente de acordo com cada língua e as relações entre essas línguas.[25] Além do mais, todos esses fatores podem ter franjas ambíguas, partilhas moventes, diferindo sobre tal ou qual matéria. Uma língua pode cumprir tal função em tal matéria, uma outra, em outra matéria. Cada função de linguagem divide-se, por seu turno, e comporta centros de poder múltiplos. Uma papa de línguas, não um sistema da linguagem. Compreende-se a indignação dos

---

[23] [19] GOBARD, Henri. De la véhicularité de la langue anglaise [Sobre a veicularidade da língua inglesa]. In: *Langues modernes [Línguas modernas]*, jan. 1972 (e *Analyse tétraglossique [Análise tetraglóssica]* no prelo).

[24] Ver, de Gilles Deleuze, *Avenir de la linguistique* ["O futuro da linguística"], prefácio a essa obra de H. Godard, publicada como *L'Aliénation linguistique (analyse tétraglossique)* [A alienação linguística (análise tetraglóssica)]. Paris: Flammarion, 1976, p. 9-14. Esse prefácio foi republicado em G. Deleuze, *Deux régimes de fous – Textes et entretiens 1975-1995 [Dois regimes de loucos – Textos e entrevistas 1975-1995]*. Edição preparada por David Lapoujade. Paris: Minuit, 2003. p. 61-65]. (N.R.T.)

[25] [20] Michel Foucault insiste na importância da distribuição entre o que pode ser dito em uma língua em um momento, e o que não pode ser dito (mesmo que isso possa ser *feito*). Georges Dévereux (citado por H. Gobard) analisa o caso dos jovens Mohaves que falam muito facilmente de sua sexualidade em sua língua vernácula, mas são incapazes disso na língua veicular que constitui para eles o inglês; e não é somente porque o professor de inglês exerce uma função repressiva, há aí um problema de línguas (cf. *Essais d'ethnopsychiatrie générale [Ensaios de etnopsiquiatria geral]*, tr. fr., Gallimard, p. 125-126).

integristas que choram para que se diga a missa em francês, já que se destitui o latim de sua função mítica. Mas a Sociedade dos agregados está ainda mais atrasada, e chora que se tenha destituído o latim de sua função cultural referencial. Lamenta-se, assim, por formas de poder, eclesiástico ou escolar, que se exerciam através dessa língua, hoje substituídas por outras formas. Há exemplos mais sérios que atravessam os grupos. [45] O ressurgimento dos regionalismos, com reterritorialização por dialeto ou sotaque, língua vernácula: em que isso serve a uma tecnocracia mundial ou supraestatal; em que isso pode contribuir com movimentos revolucionários, pois eles também acarretam arcaísmos aos quais eles tentam injetar um sentido atual... De Servan-Schreiber ao bardo bretão, ao cantor canadense. E ainda a fronteira não passa aí, pois o cantor canadense pode também fazer a reterritorialização mais reacionária, a mais edipiana, ó, mamãe, ah, minha pátria, minha cabana, olé, olé. Nós lhes dizemos, uma papa, uma história embrulhada, um caso político, que os linguistas não conhecem de forma alguma, não querem conhecer – pois, enquanto linguistas, eles são "apolíticos", e puros cientistas. Mesmo Chomsky não faz nada além de compensar seu apolitismo de cientista com sua luta corajosa contra a guerra do Vietnã.

Voltemos à situação no império dos Habsburgo. A decomposição e a queda do império redobram a crise, acentuam por toda parte os movimentos de desterritorialização, e suscitam reterritorializações complexas, arcaizantes, míticas ou simbolistas. Citaremos ao acaso dentre os contemporâneos de Kafka: Einstein e sua desterritorialização da representação do universo (Einstein ensina em Praga, e o físico Philipp Frank lá faz conferências, em presença de Kafka); os dodecafonistas austríacos, e sua desterritorialização da representação musical (o grito de morte de Marie em Wozzeck, ou o de Lulu, ou então o *si* redobrado, parecem-nos ir em uma via musical próxima, em certos aspectos, de Kafka); o cinema expressionista, e seu duplo movimento de desterritorialização e de reterritorialização da imagem (Robert Wiene, de origem tcheca, Fritz Lang, nascido em Viena, Paul Wegener e sua utilização de temas

[46] de Praga). Acrescentemos, claro, a psicanálise em Viena, a linguística em Praga.[26] Qual é a situação particular dos judeus de Praga, com relação às "quatro línguas"? A língua vernácula, para esses judeus saídos do meio rural, é o tcheco, mas o tcheco tende a ser esquecido e recalcado; quanto ao iídiche, ele é frequentemente desdenhado e colocado sob suspeita, ele *provoca medo*, como diz Kafka. O alemão é a língua veicular das cidades, língua burocrática do Estado, língua comercial de troca (mas já o inglês começa a ser indispensável nessa função). O alemão, mas desta vez o alemão de Goethe, tem ainda uma função cultural e referencial (e, secundariamente, o francês). O hebraico como língua mítica, com o começo do sionismo, ainda em estado de sonho ativo. Para cada uma dessas línguas, avaliar os coeficientes de territorialidade, de desterritorialização, de reterritorialização. A situação do próprio Kafka: é um dos raros escritores judeus de Praga a compreender e a falar o tcheco (e essa língua terá uma grande importância em suas relações com Milena). O alemão desempenha bem o duplo papel de língua veicular e cultural, Goethe no horizonte (Kafka sabe também o francês, o italiano, e, sem dúvida, um pouco de inglês). O hebraico ele só aprenderá mais tarde. O que é complicado é a relação de Kafka com o iídiche: ele vê nele menos uma espécie de territorialidade linguística para os judeus que um movimento de desterritorialização nômade que trabalha o alemão. O que [47] o fascina no iídiche é menos uma língua de comunidade religiosa que de *teatro popular* (ele se torna mecenas e empresário da trupe ambulante de Isak Löwy).[27] A maneira pela qual Kafka, numa reunião pública, apresenta o iídiche a um público judeu

---

[26] [21] Sobre o círculo de Praga e seu papel na linguística, cf. *Change* [*Mudança*], n. 3 e 10. (É verdade que o círculo de Praga só se formou em 1926. Mas Jakobson vai em 1920 a Praga, onde existe já toda uma escola tcheca animada por Mathesius, e ligada a Anton Marty, que tinha ensinado na universidade alemã. Kafka, em 1902-1905, seguia os cursos de Marty, discípulo de Brentano, e participava das reuniões dos brentanistas.)

[27] [22] Sobre as relações de Kafka com Löwy e o teatro iídiche, cf. BROD, p. 173-181, e WAGENBACH, p. 163-167. Nesse teatro-mímica, devia haver muitas cabeças curvadas e reerguidas.

burguês mais para hostil é de fato notável: é uma língua que dá medo, ainda mais do que suscita desdém "um medo misturado a uma certa repugnância"; é uma língua sem gramática, e que vive de vocábulos roubados, mobilizados, emigrados, tornados nômades interiorizando "relações de força": é uma língua transplantada sobre o médio alto-alemão, e que trabalha o alemão a tal ponto de dentro que não se pode traduzi-la em alemão sem aboli-la; não se pode compreender o iídiche sem "senti-lo", e com o coração. Em suma, língua intensiva ou uso intensivo do alemão, língua ou uso menores que devem arrastá-los: "é então que os senhores estarão em condições de experimentar o que é a verdadeira unidade do iídiche, e o experimentarão tão violentamente que terão medo, não mais do iídiche, mas dos senhores. [...] Apreciem o quanto possam!".[28]

Kafka não se orienta para uma reterritorialização pelo tcheco. Nem para um uso hipercultural do alemão, com promessas oníricas, simbólicas e míticas mesmo hebraizantes, como se encontram na escola de Praga. Nem para um iídiche oral e popular; mas, esta via que o iídiche mostra, ele a toma de uma maneira totalmente distinta para convertê-la numa escrita única e solitária. Já que o alemão de Praga é desterritorializado em muitos sentidos, ir-se-á sempre mais longe, em intensidade, mas no sentido de uma nova sobriedade, de uma nova correção inaudita, de uma retificação impiedosa, reerguer a cabeça. Polidez esquizo, embriaguez de água pura.[29] Far-se-á escoar o alemão sobre uma linha de fuga; encher-se-á de jejum, arrancar-se-á ao alemão de Praga todos os pontos de subdesenvolvimento que ele quer esconder de si, far-se-á que ele grite de um grito a tal ponto sóbrio e rigoroso. Extrair-se-á dele o latido de cão, a tosse de um macaco, o zumbido do besouro. Far-se-á uma

[48]

---

[28] [23] *Discours sur la langue yiddish* [Discurso sobre a língua iídiche]. In: *Carnets* [*Cadernetas*], *Oeuvres complètes* [Obras completas], *Cercle du livre précieux* [Círculo do livro precioso], t. VII, p. 383-387.

[29] [24] Um diretor de revista diz a respeito da prosa de Kafka que ela "tem um ar de limpeza de criança que cuida bem de sua pessoa" (cf. WAGENBACH, p. 82).

sintaxe do grito, que esposará a sintaxe rígida desse alemão ressecado. Empurrar-se-lhe-á até uma desterritorialização que não será mais compensada pela cultura ou pelo mito, que será uma desterritorialização absoluta, mesmo que ela seja lenta, colante, coagulada. Levar lentamente, progressivamente, a língua para o deserto. Servir-se da sintaxe para gritar, dar ao grito uma sintaxe.

Não há tão grande, nem revolucionário, quanto o menor. Odiar toda literatura de mestres. Fascínio de Kafka pelos servidores e pelos empregados (mesma coisa em Proust pelos servidores, por sua linguagem). Mas o que é interessante, ainda, é a possibilidade de fazer um uso menor de sua própria língua, supondo que ela seja única, que ela seja uma língua maior ou o tenha sido. Ser *em* sua própria língua como um estrangeiro: é a situação do Grande Nadador de Kafka.[30] Mesmo única, uma língua permanece uma papa, uma mistura esquizofrênica, uma roupa de Arlequim através da qual se exercem funções de linguagem muito diferentes e centros de poder distintos, ventilando o que pode ser dito e o que não pode sê-lo: jogar-se-á de uma função contra a outra, colocar-se-á em jogo os coeficientes de territorialidade e de desterritorialização relativos. Mesmo maior, uma língua é suscetível de um uso intensivo que a faz escoar seguindo linhas de fuga criadoras, e que, ainda que lento, cauteloso, forma uma desterritorialização absoluta, desta vez. Quanta invenção, e não somente lexical, o léxico conta pouco, mas sóbria invenção sintática, para escrever como um cão (Mas um cão não escreve.- Justamente, justamente); o que Artaud fez com o francês, os gritos-sopros; o que Céline fez do francês, seguindo uma outra linha, o exclamativo ao mais alto ponto. A evolução sintática de Céline: de Viagem a Morte a crédito,

---

[30] [25] *O Grande Nadador* é sem dúvida um dos textos mais "beckettianos" de Kafka: "É bem necessário que eu constate que estou aqui em meu país e que, a despeito de todos os meus esforços, não compreendo nenhuma palavra da língua que os senhores falam..." (*Oeuvres complètes* [*Obras completas*], V, p. 221).

depois de Morte a crédito até Guignol's band I (em seguida, Céline não tinha mais nada a dizer, salvo suas desgraças, ou seja, não tinha mais vontade de escrever, tinha somente necessidade de dinheiro. E isso termina sempre assim, as linhas de fuga da linguagem: o silêncio, o interrompido, o interminável, ou pior ainda. Mas que criação louca enquanto isso! Que máquina de escrita! Felicitava-se ainda Céline pela *Viagem*, ao passo que ele estava tão mais longe em *Morte a crédito*, depois no prodigioso *Guignol's band*, em que a língua não tinha mais que intensidades. Ele falava da "pequena música". Kafka também, é a pequena música, uma outra, mas sempre sons desterritorializados, uma linguagem que escapa de ponta-cabeça virando cambalhota). Eis verdadeiros autores menores. Uma saída para a linguagem, para a música, para a escrita. O que se chama Pop – música Pop, filosofia Pop, escrita Pop: Wörterflucht [fuga de palavras]. Servir-se do polilinguismo em sua própria língua, fazer desta um uso menor ou intensivo, opor o caráter oprimido dessa língua a seu caráter opressivo, achar os pontos de não cultura e de subdesenvolvimento, as zonas de terceiro mundo linguísticas por onde uma língua [50] escapa, um animal se enxerta, um agenciamento se instala. Quantos estilos, ou gêneros, ou movimentos literários, mesmo bem pequenos, têm apenas um sonho: desempenhar uma função maior da linguagem, fazer ofertas de serviço como língua de Estado, língua oficial (a psicanálise hoje, que se acha dona do significante, da metáfora e do jogo de palavras). Sonhar o contrário: saber criar um devir-menor. (Haveria uma chance para a filosofia, ela que formara por longo tempo um gênero oficial e referencial? Aproveitemos do momento em que a antifilosofia quer ser hoje linguagem do poder).

CAPÍTULO 4 [51]

Os componentes da expressão

As cartas de amor e o pacto diabólico.
– As novelas e os devires-animais. – Os romances e os agenciamentos maquínicos

Tínhamos partido de oposições formais simples: cabeça curvada-cabeça reerguida, para a forma de conteúdo; foto-som, para a forma de expressão. Eram estados ou figuras do desejo. Mas revelava-se que o som não age como elemento formal; ele determina, antes, uma desorganização ativa da expressão e, por reação, do próprio conteúdo. Assim, o som, em sua maneira de "escoar", acarreta uma nova figura da cabeça reerguida, que se torna de ponta-cabeça. E longe de o animal estar somente do lado da cabeça baixa (ou da boca alimentar), esse mesmo som, essa mesma tonalidade induzem um devir-animal e o conjugam com a cabeça reerguida. Não nos encontramos, portanto, diante de uma correspondência estrutural entre duas espécies de formas, formas de conteúdo e formas de expressão, mas diante de uma *máquina de expressão* capaz de desorganizar suas próprias formas, e de desorganizar as formas de conteúdos, para liberar puros conteúdos que se confundirão com expressões em uma mesma matéria intensa. Uma literatura maior ou estabelecida segue um vetor que vai do conteúdo à expressão: dado um conteúdo, em uma dada forma, achar, descobrir, ou ver a forma de expressão que lhe convém. O que se concebe bem se enuncia... Mas uma

[52] literatura menor ou revolucionária começa por enunciar, e só vê e só concebe depois ("A palavra. Eu não a vejo, eu a invento.").[1] A expressão deve quebrar as formas, marcar as rupturas e as ligações novas. Uma forma estando quebrada, reconstruir o conteúdo que estará necessariamente em ruptura com a ordem das coisas. Arrastar, adiantar-se à matéria. "A arte é um espelho que adianta, como um relógio por vezes."[2] Quais são os componentes dessa máquina literária, máquina de escrita ou de expressão em Kafka? I. *As cartas*: em que sentido elas fazem plenamente parte da "obra". Com efeito, esta não se define por uma intenção de publicação: Kafka não imagina, evidentemente, publicar suas cartas, é antes o inverso, ele pensa em destruir tudo o que escreve como se fossem cartas. Se as cartas fazem plenamente parte da obra, é porque elas são uma engrenagem indispensável, uma peça motora da máquina literária tal como a concebe Kafka, mesmo se essa máquina é chamada a desaparecer ou a explodir tanto quanto a da Colônia penal. Impossível conceber a máquina de Kafka sem fazer intervir o móbil epistolar. Talvez seja em função das cartas, de suas exigências, de suas potencialidades e de suas insuficiências, que as outras peças serão montadas. Fascínio de Kafka pelas cartas de seus predecessores (Flaubert, Kleist, Hebbel). Mas o que Kafka vive e experimenta por sua conta é um uso perverso, diabólico, da carta. "Diabólico em toda inocência", diz Kafka. As cartas põem diretamente, inocentemente, a potência diabólica da máquina literária. Maquinar cartas: não é de modo algum questão de sinceridade ou não, mas de funcio-

[53] namento. Cartas a tal ou qual mulher, cartas aos amigos, carta ao pai; contudo, há sempre uma mulher no horizonte das cartas, é ela a verdadeira destinatária, aquela que o pai supostamente lhe fez faltar, a com que os amigos desejam que ele rompa, etc. Substituir o amor pela carta de amor (?). Desterritorializar o amor. Substituir ao pacto conjugal, tão suspeito, por um *pacto*

---

[1] [1] *Journal* [*Diário*], p. 17.

[2] [2] JANOUCH, p. 138 (e p. 143: "A forma não é expressão do conteúdo, mas seu estimulante.").

diabólico. As cartas são inseparáveis de um tal pacto, elas são o próprio pacto. Como "atar as moças escrevendo-lhes"?[3] Kafka acaba de conhecer a filha da zeladora da casa de Goethe em Weimar: eles fazem fotografias, escrevem-se cartões postais, Kafka se espanta que a moça lhe escreva "como ele deseja", e, contudo, não o leve a sério, trate-o "como um figurante". Está tudo aí, se bem que não esteja tudo ainda pronto. A referência a Goethe é enquanto "mestre", ou então como autor do pacto diabólico de Fausto, que encadeará o destino de Margarida? Os elementos da máquina literária já estão nas cartas, mesmo que eles estejam insuficientemente dispostos e permaneçam ineficazes: a foto estereotipada sobre o cartão postal, a escrita no verso, o som que escoa e que se lê à meia-voz, sob um só tom, a intensidade. Em seu primeiro encontro com Felice, Kafka lhe mostrará essas fotos, esses cartões postais de Weimar, como se ele se servisse deles para armar um novo circuito em que as coisas vão se tornar mais sérias.

As cartas são um rizoma, uma rede, uma teia de aranha. Há um vampirismo das cartas, um vampirismo propriamente epistolar. Drácula, o vegetariano, o jejuador que suga o sangue dos humanos carnívoros, tem seu castelo não muito longe. Há algo de Drácula em Kafka, um Drácula por cartas, as cartas são outros tantos morcegos. Ele fica em vigília à noite, e, de dia, fecha-se no seu escritório-caixão: "A noite não é suficientemente noturna...". Quando ele imagina um beijo, é o de Gregor que monta no pescoço nu de sua irmã, ou o de K na senhorita Bürstner, como de um "animal sedento que se joga em lambidas sobre a fonte que ele acabou por descobrir". A Felice, Kafka se descreve sem vergonha nem brincadeira como extraordinariamente magro, tendo necessidade de sangue (meu coração "é tão fraco que não chega a bombear o sangue por todo o comprimento das pernas"). Kafka-Drácula tem sua linha de fuga em seu quarto, em seu leito, e sua fonte longínqua no que as cartas vão lhe trazer. Ele só teme duas coisas: a cruz da família e o alho da conjugalidade. As cartas devem lhe trazer sangue, e

[54]

---

[3] [3] Carta a Brod, julho de 1912, *Correspondance* [*Correspondência*], p. 122.

o sangue, dar-lhe a força de criar. Ele não busca de modo algum uma inspiração feminina, nem uma proteção materna, mas uma força física para escrever. Da criação literária, ele diz que é "um salário pelo serviço do diabo". Kafka não vive seu corpo magro de anoréxico como vergonhoso, ele faz de conta. Ele o vive como o meio de passar limiares e devires sobre o leito de seu quarto, cada órgão sendo "colocado sob uma observação especial": sob a condição que se lhe dê um pouco de sangue. Um fluxo de cartas por um fluxo sanguíneo. Desde o primeiro encontro com Felice, Kafka vegetariano é atraído por seus braços musculosos, ricos em sangue, apavorado por seus grandes dentes caninos; Felice tem o sentimento de um perigo, já que ela assegura comer pouco. Mas, de sua contemplação, Kafka tira a decisão de escrever, de [55] escrever muito a Felice.[4] As *Cartas a Milena* serão outra coisa. É um amor mais "cortês", como o marido no horizonte. Kafka aprendeu muito, experimentou muito. Há em Milena um Anjo da morte, como ele mesmo sugere. Mais uma cúmplice que uma destinatária. Kafka lhe explica a danação das cartas, sua relação necessária com um fantasma *que bebe no caminho os beijos que a gente lhe confia.* "Deslocamento das almas". E Kafka distingue duas séries de invenções técnicas: as que tendem a restaurar as "relações naturais" triunfando sobre as distâncias e aproximando os homens (os trens, o carro, o aeroplano), e as que representam a contrapartida vampiresca do fantasma ou reintroduzem "o fantasmático entre os homens" (o correio, o telégrafo, o telefone, a telegrafia sem fio).[5]

---

[4] [4] Nós nos servimos de um estudo inédito de Claire Parnet sobre *O vampiro e as cartas*, em que a relação Kafka-Drácula é precisamente analisada. Cf. todos os textos que cita Elias Canetti, *L'autre Procès, lettres de Kafka à Felice*, tr. fr. Gallimard [*O outro processo, cartas de Kafka a Felice*, tr, br. Espaço e tempo]; mas, malgrado esses textos, Canetti não parece ver esse processo vampiresco, e fala da vergonha de Kafka em relação ao seu corpo e da necessidade de proteção.

[5] [5] O admirável texto nas *Lettres à Milena* [*Cartas a Milena*], p. 260. – As máquinas de falar ou escrever fascinam Kafka de todas as maneiras, burocraticamente, comercialmente, eroticamente. Felice trabalhava em uma empresa de "parlógrafos" da qual se tornou diretora. Kafka é tomado por

Mas como as cartas funcionam? Sem dúvida, em virtude de seu gênero, conservam a dualidade dos dois sujeitos: no momento, distingamos sumariamente um sujeito de enunciação como forma de expressão que escreve a carta, um sujeito de enunciado como forma de conteúdo da qual a carta fala (mesmo se *eu* falo de *mim*...). É dessa dualidade que Kafka vai fazer um uso perverso ou diabólico. Em lugar de o sujeito de enunciação [56] se servir da carta para anunciar sua própria vinda, é o sujeito de enunciado que vai assumir todo um movimento tornado fictício ou aparente. É o envio da carta, o trajeto da carta, a corrida e os gestos do carteiro, que substituem vir (de onde a importância do carteiro ou do mensageiro, que se duplica ele mesmo, como os dois mensageiros do Castelo, de roupas colantes como papel). Exemplo de um amor verdadeiramente kafkiano: um homem se toma de amores por uma mulher que ele só viu uma vez; toneladas de cartas; ele não pode jamais "vir"; não larga as cartas, num baú; e no dia seguinte à ruptura, da última carta, voltando para casa à noite no campo, esmaga o carteiro. A correspondência com Felice é cheia dessa impossibilidade de vir. É o fluxo de cartas que substitui a visão, a vinda. Kafka não cessa de escrever a Felice, quando só a viu uma vez. Com todas as suas forças quer impor-lhe um pacto: que ela escreva duas vezes por dia. É isso o pacto diabólico. O pacto faustiano diabólico é buscado numa fonte de força longínqua, contra a proximidade do contrato conjugal. *Enunciar primeiro*, e só rever em seguida ou em sonho: Kafka *vê* em sonho "toda a escada coberta de alto a baixo de uma espessa camada dessas páginas já lidas, [...] era um verdadeiro sonho de desejo".[6] Desejo demente de escrever

---

uma febre de conselhos e de propostas, de colocar parlógrafos nos hotéis, agências de correios, trens, barcos e zepelins, e de combiná-los com máquinas de escrever, com "praxinoscópios", com o telefone... Kafka está manifestamente encantado, pensa assim consolar Felice, que tem vontade de chorar, "sacrifico minhas noites a teus negócios, responda-me de maneira detalhada..." (*Lettres à Felice* [*Cartas a Felice*], I, Gallimard, p. 297-300). Com um grande impulso comercial e técnico, Kafka quer introduzir a série de invenções diabólicas na boa série de invenções benéficas.

[6] [6] *Lettres à Felice* [*Cartas a Felice*], I, p. 117.

e de arrancar cartas ao destinatário. O desejo de cartas consiste, então, nisso, segundo uma primeira característica: transfere o movimento sobre o sujeito de enunciado, confere ao sujeito de enunciado um movimento aparente, um movimento de papel, que poupa ao sujeito de enunciação todo movimento real. Como nos Preparativos, este pode permanecer sobre seu catre, qual um [57] inseto, já que envia seu duplo todo vestido na carta, com a carta. Essa troca ou esse reviramento da dualidade dos dois sujeitos, o sujeito de enunciado assumindo o movimento real que cabia normalmente ao sujeito de enunciação, produz uma *duplicação*. E é essa duplicação que já é diabólica, o Diabo é essa duplicação mesma. Encontra-se aqui uma das origens do duplo em Kafka: o Desaparecido, primeiro esboço de América, colocava em cena dois irmãos "dos quais um partia para a América enquanto o outro ficava em uma prisão européia".[7] E o Veredito, que gira todo em torno do tema das cartas, coloca em cena o sujeito de enunciação, que permanece na loja paterna, e o amigo da Rússia, não somente como destinatário, mas como sujeito potencial de enunciado *que não existe talvez fora das cartas*.

A carta como gênero menor, as cartas como desejo, o desejo de cartas, têm uma segunda característica. O que é o profundo horror do sujeito de enunciação será apresentado como um obstáculo exterior que o sujeito de enunciado, confiado à carta, esforçar-se-á a todo preço por vencer, mesmo que ele deva nisto perecer. Chama-se a isso *Descrição de um combate*. Horror de Kafka por toda conjugalidade. Prodigiosa operação pela qual ele traduz este horror em uma *topografia dos obstáculos* (aonde ir? Como vir? Praga, Viena, Berlim?). O Topógrafo.[8] E também a operação pela qual ele enumera uma *lista de condições*, que o sujeito de enunciado supõe capazes, no limite, de dissipar o horror, quando é este mesmo horror no sujeito de enunciação que as inspira (Programa ou Plano de vida, à moda de Kleist). É realmente tortuoso, é o humor em pessoa. Duplo reviramento negro, da carta do Terno, e da

---

[7] *Journal* [*Diário*], p. 32-33.

[8] Cf. o "topógrafo K" de *O castelo*. (N.R.T.)

lista de casamento. Esse método tem várias vantagens: permite colocar a inocência do sujeito de enunciação, uma vez que ele [58] não pode nada a respeito, e nada fez; a inocência também do sujeito de enunciado, uma vez que ele fez todo o possível; e, depois, mesmo a inocência do terceiro, da destinatária (mesmo você, Felice, você é inocente); e, enfim, esse método torna as coisas ainda piores do que se uma dessas instâncias, ou todo mundo, fosse culpado. É o método que triunfa na Carta ao pai – todos inocentes, eis o pior: a Carta ao pai é a conjuração de Édipo e da família, pela máquina de escrita, como as *Cartas a Felice*, a conjuração da conjugalidade. *Fazer um mapa de Tebas em lugar de encenar Sófocles, fazer uma topografia dos obstáculos em lugar de combater o destino* (substituir uma destinatária ao destino). Não há lugar para se perguntar se as cartas fazem ou não parte da obra, nem se elas são fonte de certos temas da obra; elas fazem parte integrante da máquina de escrita ou de expressão. É dessa maneira que se deve pensar as cartas em geral como pertencendo plenamente à escrita, fora da obra ou não, e compreender também porque certos gêneros como o romance tomaram emprestada naturalmente a forma epistolar.

Mas, terceira característica, esse uso ou essa função das cartas não impede à primeira vista um retorno da culpabilidade. Um retorno familiar ou conjugal edipiano da culpa: sou eu capaz de amar meu pai? sou eu capaz de me casar? sou eu um monstro? "Diabólico em toda inocência", pode-se ser inocente e assim mesmo diabólico; é o tema do veredito, e é o sentimento constante de Kafka em suas relações com as mulheres amadas.[9,10] Ele se sabe Drácula, ele se sabe vampiro, a aranha e sua teia. [59] Somente é preciso mais do que nunca distinguir as noções: a

---

[9] [8] "Diabólico em toda inocência": cf. *Journal [Diário]*, p. 373. E, no *Veredito*, o pai diz: "Você era, no fundo, uma criança inocente, mas, mais no fundo ainda, um ser diabólico. E é por isso que, saiba disso, eu te condeno nesse instante ao afogamento".

[10] Tradução de Modesto Carone para o trecho citado na nota anterior: "Na verdade você era uma criança inocente, mas mais verdadeiramente ainda você era uma pessoa diabólica! Por isso saiba agora: eu o condeno à morte por afogamento!" (KAFKA, K. O Veredicto. *Essencial Franz Kafka*. São Paulo: Penguin Classics; Companhia das Letras, 2011. p. 41-42). (N.T.)

dualidade dos dois sujeitos, sua toca e sua duplicação, *parece* fundar um sentimento de culpa. Mas, aí ainda, o culpado, a rigor, é o sujeito de enunciado. A própria culpa é apenas o movimento aparente, ostentatório, que esconde um riso íntimo (quantas coisas chatas se escreveram sobre Kafka e a "culpa", Kafka e a "lei", etc.). O judaísmo, envelope de papel: Drácula não pode se sentir culpado, Kafka não pode se sentir culpado, Fausto não é culpado, e não por hipocrisia, mas porque sua Tarefa está alhures. Não se compreende nada do pacto diabólico, do pacto com o diabo, se se acredita que ele pode inspirar culpa àquele que o assina, ou seja, que o instaura ou que escreve a carta. A culpa nada mais é que enunciado de um julgamento que vem de fora, e que só prende, só morde uma alma fraca. A fraqueza, ó, minha fraqueza, minha falta, é apenas um movimento aparente de Kafka como sujeito de enunciado. Ao contrário, sua força como sujeito de enunciação no deserto. Mas isso não ajeita as coisas, a gente não está salvo por isso. Pois se a culpa não é mais que o movimento aparente, ela é precisamente brandida como o índice de um outro perigo: o outro caso. O pânico real é que a máquina de escrever letras se volte contra o mecânico. Ver a colônia penal. O perigo do pacto diabólico, da inocência diabólica, não é de modo algum a culpa, é a armadilha, o impasse no rizoma, o fechamento de toda saída, a toca entupida por todo lado. O *medo*. O diabo é, ele mesmo, pego na armadilha. A gente se faz reedipianizar, não por culpa, mas por fadiga, por falta de invenção, por imprudência do que desencadeamos, por foto, por polícia – as potências diabólicas do longínquo. Então, a inocência não serve de nada. A fórmula do diabolismo inocente salva vocês da culpa, mas não salva da fotocópia do pacto, e da condenação que dele resulta. O perigo não é o sentimento de culpa como neurose, como estado, mas o julgamento de culpa como *Processo*. E é a saída fatal das cartas: a carta ao pai é um processo que já se fecha sobre Kafka; as cartas a Felice se revertem em "Processo no hotel", como todo um tribunal, família, amigos, defesa, acusação. Kafka tem o pressentimento disso desde o início, uma vez que escreve o Veredito ao mesmo tempo em que começa suas cartas a Felice. Ora, o Veredito é o grande medo de que uma máquina de cartas prenda o autor na armadilha: o pai começa por negar que o destinatário, o amigo da Rússia, exista; depois, reconhece a existência dele, mas para revelar que o amigo não cessou de lhe escrever, a ele, pai, para denunciar a traição do filho (o fluxo de cartas muda de direção, revira-se contra...). "Tuas cartinhas sujas..." A "carta suja" do funcionário Sortini, no Castelo... Para conjurar o novo perigo, Kafka não cessa de embaralhar as pistas, envia ainda uma carta, que remaneja ou desmente a que ele acaba de enviar, para que Felice esteja sempre atrasada por uma resposta. Mas nada pode impedir o retorno do destino: da ruptura com Felice, Kafka sai não culpado, mas alquebrado. Ele, para quem as cartas eram uma peça indispensável, uma instigação positiva (não negativa) para escrever plenamente, encontra-se sem vontade de escrever, todos os membros rompidos pela armadilha que quase se fechou. A fórmula "diabólico em toda inocência" não bastou.

[Esses três elementos intensivos mostram porque Kafka era fascinado pelas cartas. É preciso uma sensibilidade especial. Queríamos somente comparar com as cartas de um outro diabólico, Proust. Ele também fez por cartas o pacto do longínquo com o diabo ou o fantasma, para anular a proximidade do [61] contrato conjugal. Ele também opõe escrever a se casar. Dois vampiros magros anoréxicos que se nutrem apenas de sangue enviando suas cartas-morcego. Os grandes princípios são os mesmos: toda carta é uma carta de amor, aparente ou real; as cartas de amor podem ser atraentes, repulsivas, de reprovação, de compromisso, de proposta, sem que isso mude nada em sua natureza; elas fazem parte de um pacto com o diabo, que conjura o contrato com deus, com a família ou com o ser amado. Mas, mais precisamente, a primeira característica das cartas, troca ou duplicação dos dois sujeitos aparece completamente em Proust, o sujeito de enunciado assumindo todo o movimento enquanto que o sujeito de enunciação permanece deitado, no canto de sua teia como uma aranha (o devir-aranha de Proust). Em segundo lugar, as topografias de obstáculos e as listas de condições são elevadas muito alto por Proust, como funções da carta, a ponto de o destinatário não compreender mais se o autor deseja sua vinda, um dia a desejou, rejeita-o para atraí-lo ou o inverso: a carta escapa a toda recognição, do tipo lembrança, sonho ou foto, tornando-se um mapa severo de caminhos a tomar ou a evitar, um plano de vida estritamente condicionado (Proust também é o topógrafo tortuoso de um caminho que cessa de se aproximar sem, contudo, se distanciar, como em no Castelo[11]).

[62] Enfim, a culpa em Proust não menos que em Kafka é nada mais que envelope, e acompanha a demonstração ou o movimento aparente do sujeito de enunciado; mas, sob essa culpa para rir, um pânico mais profundo na estátua Jacente, medo de ter dito demais, medo de que a máquina de cartas se volte contra ele, precipite-o no que ela estava incumbida de conjurar, angústia de que as pequenas mensagens multiplicadas ou as cartinhas sujas se fechem sobre ele — a inacreditável carta-chantagem a Albertine, que ele lhe envia quando não sabe que ela está morta, volta para ele sob a forma de um telegrama de Gilberte, que ele toma por Albertine, anunciando-lhe seu casamento. Ele também, ele sai disso rompido. Mas, com vampirismo igual, com ciúme igual, as diferenças são grandes entre Proust e Kafka, e não se atêm somente ao estilo mundano-diplomático de um, jurídico-procedimental do outro. Trata-se para todos dois de evitar, pelas cartas, a proximidade específica que caracteriza a relação conjugal, e constitui a situação de ver e ser visto (cf. o terror de Kafka quando Felice lhe diz que queria estar perto dele quando ele trabalha). Importa pouco, a este respeito, que a "conjugalidade" seja oficial ou não, que ela seja heterossexual

---

[11] [9] As cartas de Proust são antes de tudo topografias de obstáculos, sociais, psíquicos, físicos e geográficos; e os obstáculos são tanto maiores quanto mais próximo esteja o correspondente. É evidente para as cartas à Senhora Strauss que tem, como Milena, todo um aspecto de Anjo da Morte. Mas, ainda mais, nas cartas de Proust a seus jovens abundam os obstáculos to-pográficos concernentes aos lugares, e também concernentes às horas, aos meios, aos estados de ânimo, às condições, às mudanças. Por exemplo, a um jovem o qual parece bem que Proust não quer que venha a Cabourg: "o senhor é livre para decidir o que quer, e se for vir, não me escreva, mas me telegrafe que o senhor chega logo em seguida, e se possível por um trem chegando por volta das seis horas da noite, ou, enfim, por volta do fim da tarde, ou depois do jantar mas não muito tarde, e não antes de duas horas da tarde, pois eu gostaria de ver o senhor antes que o senhor tivesse visto alguém. Mas eu explicarei tudo isso ao senhor caso venha...", etc.

ou homossexual. Mas, para conjurar a proximidade, Kafka mantém e entretém a distância espacial, a posição longínqua do ser amado: também é ele que se coloca como *prisioneiro* (prisioneiro de seu corpo, de seu quarto, de sua família, de sua obra, e multiplica os obstáculos que o impedem de ver ou de se reunir ao amado.[12] Em Proust, ao contrário, a mesma conjuração se [63] faz no sentido inverso: atingir-se-á o imperceptível, o invisível, exagerando a proximidade, fazendo dela uma proximidade carcerária. A solução Proust é a mais estranha: ultrapassar as condições conjugais da presença e da visão... por aproximação excessiva. Ver-se-á tanto menos quanto mais se estiver perto. É, portanto, Proust o *carcereiro*, enquanto o ser amado está em uma prisão contígua. O ideal das cartas de Proust consiste, então, em pequenos bilhetes passados sob a porta.]

II. *As novelas*: elas são essencialmente animalescas, se bem que não haja animais em todas as novelas. É que o animal coincide com o objeto por excelência da novela segundo Kafka: tentar encontrar uma saída, traçar uma linha de fuga. As cartas não seriam suficientes para isso, pois o diabo, o pacto com o diabo, não oferece linha de fuga, e arrisca, ao contrário, precipitar-se, precipitar-nos na armadilha. Novelas como o Veredito ou a Metamorfose, Kafka as escreve ao mesmo tempo em que começa a correspondência com Felice, seja para se figurar o perigo, seja para conjurá-lo: antes novelas bem fechadas e mortais que o fluxo infinito de cartas. As cartas são talvez a força motora que, pelo sangue que elas trazem, disparam toda a máquina; trata-se, contudo, de escrever outra coisa que não cartas, portanto, de criar. Essa outra coisa é pressentida pelas cartas (natureza animal da vítima, ou seja, de Felice; uso vampiresco das próprias cartas), mas não pode se realizar a não ser em um elemento autônomo, mesmo se ele permanece perpetuamente inacabado. O que Kafka faz em seu quarto é devir-animal, e é o objeto essencial da novela. A primeira criação é a metamorfose. Que o olho de uma esposa não veja, sobretudo, isso, nem mesmo o olho de um pai ou de uma mãe. Dizemos que, para Kafka, a essência

---

[12] [10] Sobre a prisão, Cf. *Journal* [*Diário*], p. 33.

[64] animal é saída, a linha de fuga, mesmo no lugar ou na jaula. *Uma saída, e não a liberdade. Uma linha de fuga viva, e não um ataque.* Em *Chacais e Árabes*, os chacais dizem: "Não se trata de matá-los. [...] Só o aspecto de seu corpo em vida já nos faz fugir, quando nós o vemos, vamos procurar um ar mais puro, refugiamo-nos no deserto que se tornou, por esta razão, nossa pátria."[13] Se Bachelard é muito injusto a respeito de Kafka quando o compara a Lautréamont, é porque retém antes de tudo que a essência dinâmica animal é liberdade e agressão: os devires-animais de Maldoror são ataques, e tanto mais cruéis quanto livres e gratuitos. Não é assim para Kafka, é até mesmo totalmente o contrário, e se pode pensar que sua ideia é mais justa do ponto de vista da própria Natureza. O postulado de Bachelard chega a opor a velocidade de Lautréamont e a lentidão de Kafka.[14] Lembremo-nos, contudo, um certo número de elementos das novelas animalescas: 1°) não há lugar para distinguir o caso em que um animal é considerado por ele mesmo e o caso em que há metamorfose, tudo no animal é metamorfose, e a metamorfose está em um mesmo circuito devir-homem do animal e devir-animal do homem; 2°) é que a metamorfose é como a conjunção de duas desterritorializações, a que o homem impõe ao animal forçando-o a fugir ou o dominando, mas também a que o animal propõe ao homem, indicando-lhe saídas ou meios de fuga nos quais o homem jamais teria pensado sozinho (a fuga esquizo); cada uma das duas desterritorializações é imanente à outra, precipita a outra, e a faz transpor um limiar; 3°) o que conta, então, não

[65] é de modo algum a lentidão relativa do devir-animal; pois, por mais lento que seja, e quanto mais lento seja, ele não constitui

---

[13] "Sem dúvida não iremos matá-los. [...] Já diante da mera aparição de seus corpos vivos partimos às pressas para um ar mais puro, para o deserto, que por essa razão é o nosso lar." (KAFKA, K. Chacais e árabes. In: *Um médico rural*. Tradução de Modesto Carone. São Paulo: Companhia das Letras, 1999. p. 32.) (N.T.)

[14] [11] BACHELARD, *Lautréamont*, Ed. Corti: sobre a ação pura, a velocidade e o ataque como características do animal segundo Lautréamont, e sobre a lentidão de Kafka compreendida como esgotamento do "querer-viver", cf. o primeiro capítulo.

menos uma *desterritorialização absoluta* do homem, por oposição às desterritorializações relativas que o homem opera sobre si mesmo deslocando-se, viajando; o devir-animal é uma viagem imóvel e no mesmo lugar, que só pode se viver e compreender em intensidade (transpor limiares de intensidade).[15] O devir-animal não tem nada de metafórico. Nenhum simbolismo, nenhuma alegoria. Não é tampouco o resultado de uma falha ou de uma maldição, o efeito de uma culpa. Como diz Melville a propósito do devir-baleia do capitão Achab, é um "panorama", não um "evangelho". É um mapa de intensidades. É um conjunto de estados, todos distintos uns dos outros, enxertados sobre o homem enquanto ele busca uma saída. É uma linha de fuga criadora que não quer outra coisa que não a si mesma. Diferentemente das cartas, o devir-animal não deixa subsistir nada da dualidade de um sujeito de enunciação e de um sujeito de enunciado, mas constitui um só e mesmo processo, um só e mesmo procedimento que substitui a subjetividade. Contudo, se o devir-animal é o objeto por excelência da novela, é preciso se interrogar sobre a insuficiência das novelas por sua vez. Dir-se-ia que elas são presas de uma alternativa que as condena dos dois lados ao fracasso, do ponto de vista do projeto de Kafka, qualquer que seja seu esplendor literário. Ou bem, com efeito, a novela será perfeita e acabada, mas ela se fechará sobre ela mesma. Ou [66] bem ela se abrirá, mas se abrirá sobre outra coisa e só poderá ser desenvolvida em um romance ele mesmo interminável. No caso da primeira hipótese, a novela afronta um perigo diferente do das cartas, mas, de uma certa maneira, análogo. As cartas tinham que desconfiar de um refluxo dirigido contra o sujeito de enunciação; as novelas esbarram, por sua conta, no sem saída da saída animal,

---

[15] [12] Kafka opõe frequentemente dois tipos de viagem, uma extensiva e organizada, a outra, intensa, e por cacos, naufrágio ou fragmentos. Essa segunda viagem pode ser no mesmo lugar, no seu "quarto", e tanto mais intensa: "A gente está deitado contra esta parede, ora contra esta outra, é assim que a janela viaja em torno de vocês. [...] Eu só tenho que fazer meus passeios, e é dito que isto deve bastar; em contrapartida, não há lugar no mundo em que eu possa fazer meus passeios" (*Journal* [*Diário*], p. 13). América intensiva, mapa de intensidades.

em um impasse da linha de fuga (é mesmo por essa razão que elas acabam, quando o fazem). Certamente, o devir-animal não tem nada a ver com um movimento somente aparente, como o das cartas: mesmo lenta, a desterritorialização nelas é absoluta; a linha de fuga é bem programada, a saída é bem cavada. Mas é apenas a título de um polo. Assim como o ovo em sua potencialidade tem dois polos reais, o devir-animal é uma potencialidade dotada de dois polos igualmente reais, um polo propriamente animal e um polo familiar. Vimos como o animal, com efeito, oscilava entre seu próprio devir inumano e uma familiarização humana demais: assim, o cão das Investigações se faz desterriorializar pelos cães músicos do começo, mas reterritorializar, reedipianizar pelo cão cantor do fim, e permanece oscilando entre duas "ciências", reduzido a invocar o advento de uma terceira ciência que o fará sair da coisa (mas, justamente, essa terceira ciência não seria mais o objeto de uma simples novela e exigiria todo um romance). E também: como a metamorfose de Gregor é a história de uma reedipianização que o leva à morte, que faz de seu devir animal um devir-morte. Não somente o cão, mas todos os outros animais oscilam entre um Eros esquizo e um Tânatos edipiano. É desse ponto de vista somente que a metáfora, com todo seu cortejo antropocentrista, arrisca-se a se reintroduzir.

[67] Em suma, as novelas animalescas são uma peça da máquina de expressão, distinta das cartas, já que elas não operam mais no movimento aparente, nem na distinção de dois sujeitos; mas, atingindo o real, escrevendo-se no real ele mesmo, elas não são menos presas em uma tensão de dois polos ou de duas realidades oponíveis. O devir-animal mostra efetivamente uma saída, traça efetivamente uma linha de fuga, mas que ele é incapaz de seguir ou de empregar ele mesmo (com mais razão, o Veredito permanece uma história edipiana, e que Kafka apresenta como tal, o filho indo à morte sem nem mesmo devir animal, e sem poder desenvolver sua abertura sobre a Rússia).

Então, é preciso considerar a outra hipótese: não somente as novelas animais mostram uma saída que elas são incapazes de seguir por si mesmas; mas já o que as tornava capazes de mostrar a saída era outra coisa agindo nelas. E esta outra coisa não pode ser verdadeiramente dita a não ser nos romances, como terceiro componente da máquina de expressão. Pois é simultaneamente que Kafka começa romances (ou tenta desenvolver uma novela em romance) e que ele abandona os devires-animais para substituí-los por um agenciamento mais complexo. Era preciso, então, que as novelas, e seus devires-animais, fossem como que inspirados por esse agenciamento subterrâneo, mas também não tivessem podido fazê-lo funcionar diretamente, e que elas não tenham nem mesmo podido trazê-lo à plena luz do dia. Como se o animal estivesse ainda próximo demais, perceptível demais, visível demais, individuado demais, territorializado demais, o devir-animal tende primeiro para um *devir-molecular*: Josefina, a camundonga, afogada em seu povo e "a inumerável multidão dos heróis de seu povo"; o cão perplexo diante da agitação em todos os sentidos dos sete cães músicos; o animal da *Toca* incerto diante dos mil ruídos de animais sem dúvida menores que vêm a ele de todos os lados; o herói de Recordação da estrada de ferro de Kalda, tendo vindo cassar urso e lobo, não terá que lidar senão com matilhas de ratos, que ele mata com faca, olhando-os agitar suas pequenas mãos (e em A cavalo sobre um balde de carvão, "sobre a neve espessa da qual nem um dedo cede, caminho sobre o traço dos pequenos cães árticos, minha cavalgada perdeu todo sentido"). Kafka é fascinado por tudo o que é pequeno. Se ele não gosta de crianças, é que eles são tomados em um devir-grande irreversível; o reino animal, ao contrário, toca a pequenez e a imperceptibilidade. Mas, mais ainda, em Kafka, a multiplicidade molecular tende ela mesma a se integrar ou a dar lugar a uma máquina, ou antes a um *agenciamento maquínico* cujas partes são independentes umas das outras, e que não funciona menos. O complexo dos cães músicos já é descrito como um tal agenciamento minucioso. Mesmo quando o animal é único, sua toca, ela, não o é, é uma multiplicidade e um agenciamento. A novela *Blumfeld* coloca em cena um celibatário que se pergunta primeiro se deve providenciar um cãozinho; mas o revezamento do cão é assegurado por um estranho sistema molecular ou maquínico, "duas pequenas

[68]

bolas de celuloide brancas com listras azuis que sobem e descem lado a lado sobre o assoalho";[16] *Blumfeld* é enfim perseguido por dois estagiários agindo como partes de uma máquina burocrática. Talvez haja em Kafka uma situação muito particular do cavalo, enquanto ele é ele mesmo intermediário entre um animal ainda e já um agenciamento. Em todo caso, os animais, tais como são ou devêm nas novelas, são tomados nesta alternativa: ou bem eles são rebatidos, fechados sobre um impasse, e a novela cessa; ou bem eles se abrem e se multiplicam, cavando saídas por toda parte, mas dão lugar a multiplicidades moleculares e a agenciamentos maquínicos que não são mais animais, e não podem ser tratados por eles mesmos a não ser nos romances.

III. *Os romances*: é fato que os romances não apresentam de modo algum animais, salvo muito secundários, e nenhum devir-animal. É como se o polo negativo do animal tivesse sido neutralizado, e que o polo positivo tivesse por sua parte emigrado alhures, para o lado da máquina e dos agenciamentos. Como se o devir-animal fosse insuficientemente rico em articulações e ligações. Suponhamos que Kafka tivesse escrito um romance sobre o mundo burocrático das formigas, ou sobre o Castelo dos cupins: ele teria sido uma espécie de Capek (compatriota e contemporâneo de Kafka). Ele teria feito um romance de ficção científica. Ou então um romance policial, um romance realista, um romance idealista, um romance cifrado, como deles se encontravam de todos esses gêneros na escola de Praga. Ele teria descrito mais ou menos diretamente, mais ou menos simbolicamente, o mundo moderno, a tristeza ou a dureza desse mundo, os malfeitos do maquinismo e da burocracia. Nenhuma dessas coisas pertence ao projeto de escrever de Kafka. Se ele tivesse escrito sobre a justiça das formigas ou o castelo dos cupins, toda a sequência de metáforas retornaria, realista ou simbolista. Ele não teria jamais apreendido com toda força a violência de um Eros burocrático, policial, judiciário, econômico ou político.

---

[16] "[...] duas pequenas bolas de celuloide, brancas, com estrias azuis, saltam sobre o assoalho, uma ao lado da outra e de cá para lá [...]" (KAFKA, F. Blumfeld, um solteirão de meia-idade. In: *Narrativas do espólio*. Tradução de Modesto Carone. São Paulo: Companhia das Letras, 2002. p. 33). (N.T.)

Dir-se-á talvez que o corte que fazemos entre as novelas e os romances não existe, já que muitas novelas são plataformas de teste, tijolos disjuntos para romances eventuais abandonados, e os romances, novelas, por sua vez, intermináveis, e inacabadas. Mas a questão não está de modo algum aí. É: o que faz com que Kafka projete um romance? e, renunciando a ele, abandone-o ou tente encerrá-lo como uma novela? ou então, ao contrário, diz-se que uma novela pode ser o esboço de um romance, disposto a [70] abandoná-lo também? Poderíamos propor uma espécie de lei (é verdade que ela não vale sempre, somente em certos casos): 1°) quando um texto trata essencialmente de um devir-animal, ele não pode ser desenvolvido em romance; 2°) um texto que trata de devires-animais só pode ser estimado como desenvolvível em romance se comporta também índices maquínicos suficientes, que ultrapassam o animal e são, a este título, germes romanescos; 3°) um texto que poderia ser germe de romance é abandonado se Kafka imagina uma saída animal que lhe permite acabá-lo; 4°) um romance só se torna um romance, mesmo que ele não seja acabado, mesmo e sobretudo se ele é interminável, se os índices maquínicos se organizam em um verdadeiro agenciamento consistente por si mesmo; 5°) em contrapartida, um texto que comporta uma máquina explícita não se desenvolve, no entanto, se ele não consegue se conectar em tais agenciamentos concretos sociais-políticos (pois uma pura máquina não passa de uma épura, que não forma nem uma novela, nem um romance). – Kafka tem, portanto, múltiplas razões para abandonar um texto, seja porque ele não vai longe, seja porque ele é interminável: mas os critérios de Kafka são inteiramente novos, e só valem para ele, com comunicações de um gênero de texto a outro, reinvestimentos, trocas, etc., de maneira a constituir um rizoma, uma toca, um mapa de transformações. Cada fracasso nisso é uma obra-prima, uma haste no rizoma.

O primeiro caso seria o da Metamorfose; é por isso que muitos críticos dizem que é a obra mais acabada (?) de Kafka. Gregor, entregue a seu devir-animal, encontra-se reedipianizado pela família, e conduzido à morte. A família sufoca mesmo as potencialidades de uma máquina burocrática (cf. os três locatários expulsos). A novela se encerra, então, em estado de perfeição mortuária. O segundo caso poderia concernir as Investigações de um cão: Kafka via ali seu próprio Bouvard e Pécuchet.[17] Mas os germes de desenvolvimento efetivamente presentes são inseparáveis dos índices maquínicos que ritmam o objeto das Investigações: os índices musicais no agenciamento dos sete cães, os índices científicos no agenciamento dos três conhecimentos. Mas como esses índices ficam ainda presos ao devir-animal, eles abortam. Kafka não chega aqui a fazer seu Bouvard e Pécuchet; é que os cães o colocam na via de algo *que ele só poderá apreender através de um outro material*. O terceiro caso encontra uma ilustração na Colônia penal: aí também há germe de romance, e desta vez em função de uma máquina explícita. Mas esta máquina, mecânica demais, vinculada ainda a coordenadas edipianas demais (velho comandante – oficial = pai-filho) não se desenvolve tampouco. E Kafka pode imaginar uma conclusão animal para esse texto que recai no estado de novela: em uma versão da Colônia penal, o viajante devém finalmente um cão, e se põe a correr por todos os lados sobre quatro patas, dando saltos e se apressando a retornar a seu posto (em outra variante, uma dama-serpente intervém).[18] É o avesso das Investigações de um cão: em lugar de os índices maquínicos não chegarem a sair do devir-animal, a máquina torna a um revir-animal. O quarto caso, o único verdadeiramente positivo, concerne os três grandes romances, as três grandes obras intermináveis: com efeito, a máquina não é mais mecânica e reificada, mas se encarna em agenciamentos sociais muito complexos que permitem obter, com um pessoal humano, com peças e engrenagens humanas, efeitos de violência e de desejo inumanos infinitamente mais fortes que os que se obtinham graças aos animais ou graças a mecânicas isoladas. É por isso que é importante observar como, em um mesmo momento (por exemplo, no momento do Processo) Kafka continua a descrever devires-animais que não se desenvolvem em romance e concebe um romance que não para de desenvolver seus agenciamentos. O quinto e último caso seria como a contraprova: há "fracasso"

---

[17] [13] *Journal* [*Diário*], p. 427.

[18] [14] *Journal* [*Diário*], p. 492-493.

de romance, não somente quando o devir-animal continua a predominar, mas também quando a máquina não chega a se encarnar em agenciamentos sociais políticos vivos que fazem a matéria animada do romance. Então a máquina permanece uma épura, que não pode tampouco se desenvolver, quaisquer sejam a força e a beleza dela. Já era o caso da Colônia penal, com sua máquina muito transcendente ainda, isolada e reificada demais, abstrata demais. É o caso do admirável texto de duas páginas, Odradek, que descreve uma máquina insólita e sem uso: uma bobina achatada em estrela, rodeada de pedaços de fio disparatados, atravessada por "um pequeno pivô transversal ao qual um outro pedaço de madeira se junta ainda em ângulo reto", para que a máquina fique de pé. É o caso de *Blumfeld*, em que duas bolas de pingue-pongue formam uma máquina pura, os dois estagiários perversos e idiotas formam um agenciamento burocrático, mas esses temas ficam ainda disjuntos, salta-se de um a outro sem que eles se difundam ou se penetrem.

Eis, então, os três elementos da máquina de escrita ou de expressão, enquanto se definem por critérios interiores e de modo algum por um projeto de publicação. As cartas e o pacto diabólico; as novelas e os devires-animais; os romances e os agenciamentos maquínicos. Entre esses três elementos, sabemos que há constantemente comunicações transversais, em um sentido [73] e no outro. Felice, tal como ela aparece através das cartas, não é somente animal, enquanto, por sua natureza sanguínea, ela é para o vampiro uma presa de qualidade, ela o é ainda porque há nela todo um devir-cadela que fascina Kafka. E o Processo como agenciamento maquínico moderno remete, ele mesmo, a fontes arcaicas reatualizadas – processo feito ao devir-animal, que acarreta a condenação de Gregor, processo feito ao vampiro por seu pacto diabólico, e que Kafka realmente viveu quando de sua primeira ruptura com Felice, como processo no hotel, em que ele comparecia diante de uma espécie de tribunal. Não se acreditará por isso que a única linha vá do vivido das cartas ao escrito das novelas e dos romances. O caminho inverso existe também, e não há menos de escrito e de vivido de um lado e de outro. Então, é o processo como agenciamento social político e jurídico que faz com que Kafka experimente seus devires animais, por seu turno, como matéria de processo, e suas relações epistolares com Felice como passíveis de um processo regrado. Da mesma maneira, o caminho não vai somente do pacto diabólico das cartas ao devir-animal das novelas, e do devir-animal ao agenciamento maquínico dos romances. Ele emprega também o sentido inverso; os devires-animais já valem apenas pelos agenciamentos que os inspiram, onde os animais funcionam como as peças de uma máquina musical, ou de uma máquina de ciência, de burocracia, etc., e as cartas já fazem parte de um agenciamento maquínico em que os fluxos se intercambiam, e onde o carteiro desempenhava o papel erótico de uma engrenagem indispensável, de um permutador de calor burocrático sem o qual o pacto epistolar não funcionaria (quando o carteiro em sonho traz cartas de Felice, "ele as estendia para mim com um movimento de precisão que fazia saltar os braços como as bielas [74] de uma máquina a vapor".[19] Há perpetuamente comunicação dos componentes de expressão. E pertence aos três componentes ser interrompidos, cada um a seu modo, mas também passar de um ao outro. Cartas paradas porque um retorno as bloqueia, um processo; novelas que se param porque não podem se desenvolver em romances, puxadas em dois sentidos que bloqueiam a saída, outro processo; romances que Kafka para ele mesmo porque eles são intermináveis e propriamente ilimitados, infinitos, terceiro processo. Jamais se fez obra tão completa com movimentos, todos abortados, mas todos comunicantes. Por toda parte, uma só e mesma paixão por escrever; mas não a mesma. Cada vez a escrita transpõe um limiar, e não há limiar superior ou inferior. São limiares de intensidades, que não são mais altas ou mais baixas a não ser pelo sentido em que se as percorre.

É por isso que é tão inconveniente, tão grotesco, opor a vida e a escrita de Kafka, supor que ele se refugia na literatura por falta, fraqueza, impotência diante da vida. Um rizoma, uma toca, sim, mas não uma torre de marfim. Uma linha de fuga, sim, mas de modo algum um refúgio. A linha de fuga criadora arrasta com ela toda a política, toda a economia, toda a burocracia e a jurisdição: ela as suga, como o vampiro, para

---

[19] [15] *Lettres à Felice* [*Cartas a Felice*], I, p. 116.

fazê-las emitir sons ainda desconhecidos que são os do próximo futuro — fascismo, stalinismo, americanismo, *as potências diabólicas que batem à porta.* Pois a expressão precede o conteúdo e o carreia (com a condição, claro, de não ser significante): viver e escrever, a arte e a vida, só se opõem do ponto de vista de uma literatura maior. Kafka, mesmo morrendo, é atravessado por um fluxo de vida invencível, que lhe vem tanto de suas cartas, de suas novelas, de seus romances, quanto de seu [75] inacabamento mútuo por razões diferentes, e comunicantes, intercambiáveis. Condições de uma literatura menor. Uma só coisa causa dor a Kafka e o deixa com raiva, indignado: que a gente o trate como escritor intimista, encontrando refúgio na literatura, autor da solidão, da culpa, da desgraça íntima. É, no entanto, sua culpa, já que ele brandiu tudo isso... para antecipar a armadilha e por humor. Há o riso de Kafka, o riso muito alegre, que se compreende tão mal pelas mesmas razões. É pelas mesmas razões estúpidas que se pretendeu ver um refúgio longe da vida na literatura de Kafka, e também uma angústia, a marca de uma impotência e de uma culpa, o signo de uma tragédia interior triste. Dois princípios somente para esposar Kafka: é um autor que ri, profundamente alegre, de uma alegria de viver, malgrado e com suas declarações de palhaço, que ele estende como uma armadilha ou como um circo. De uma ponta à outra, é um autor político, adivinho do mundo futuro, porque tem como dois polos que ele saberá unificar em um agenciamento de fato novo: longe de ser um escritor retirado em seu quarto, seu quarto lhe serve a um duplo fluxo, o de um burocrata de grande futuro, ligado aos agenciamentos reais em vias de se fazer; e o de um nômade fugindo da maneira mais atual, que se liga ao socialismo, ao anarquismo, aos movimentos sociais.[20] A escrita em Kafka, o [76]

---

[20] [16] Cólera de Kafka quando é tratado como escritor intimista: assim, desde o início das *Cartas a Felice*, sua reação violenta contra os leitores ou os críticos que falam antes de tudo de vida interior. Mesmo na França, o primeiro sucesso de Kafka foi fundado nesse mal-entendido: Kafka a um só tempo íntimo e simbolista, alegórico e absurdo. Reportar-se-á ao excelente texto de Marthe Robert sobre as condições da leitura de Kafka na França *Citoyen de l'utopie* [Cidadão da utopia] (reproduzido em *Les critiques de notre*

primado da escrita, significa não mais que uma coisa: de modo algum literatura, mas que a enunciação faz-se uma com o desejo, por cima das leis, dos Estados, dos regimes. Enunciação, no entanto, sempre histórica, ela mesma, política e social. Uma micropolítica, uma política do desejo, que coloca em causa todas as instâncias. Jamais houve autor mais cômico e alegre do ponto de vista do desejo; jamais autor mais político e social do ponto de vista do enunciado. Tudo é riso, a começar pelo Processo. Tudo é político, a começar pelas cartas a Felice.

[77]

---

temps et Kafka [*As críticas de nosso tempo e Kafka*], Garnier). Pode-se marcar o começo dos estudos sobre Kafka quando críticos alemães e tchecos fizeram valer ao mesmo tempo sua pertença a uma burocracia forte (companhia de seguros, Seguros sociais), e sua atração pelos movimentos socialistas e anarquistas de Praga (o que ele esconde frequentemente de Max Brod). Os dois livros de Wagenbach traduzidos em francês (*Kafka par lui-même* [*Kafka por ele mesmo*], Seuil, e *Franz Kafka, Annés de jeunesse* [*Franz Kafka, Anos de juventude*]) são essenciais para essas questões.

O outro aspecto é o cômico e a alegria em Kafka. Mas é o mesmo aspecto: a política do enunciado e a alegria do desejo. Mesmo se Kafka está doente e morrendo, mesmo se ele brande a culpa como seu próprio circo, para fazer fugir o que lhe entedia. Não é por acaso que toda interpretação de tendência neurótica insiste ao mesmo tempo sobre um lado trágico ou angustiado e sobre um lado apolítico. A alegria de Kafka, ou do que Kafka escreve, não é menos importante que sua realidade e seu alcance políticos. A mais bela página do livro de Max Brod sobre Kafka é quando Brod conta como os ouvintes riam à leitura do primeiro capítulo do Processo, "de um riso irresistível" (p. 282) Não vemos de modo algum outros critérios do gênio: a política que o atravessa, e a alegria que ele comunica. Chamamos interpretação baixa, ou neurótica, toda leitura que torna o gênio em angústia, em trágico, em "caso individual". Por exemplo Nietzsche, Kafka, Beckett, pouco importa: os que não os leem com muitos risos involuntários, e tremores políticos, deformam tudo.

Nesses componentes da obra de Kafka – cartas, novelas, romances –, não levamos em conta dois elementos: de uma parte, textos muito curtos, aforismos sombrios e parábolas relativamente piedosas, como na ruptura em 1918 com Felice, em que Kafka está realmente triste, cansado, portanto, incapaz e sem desejo de escrever. De outra parte, não levamos em conta o *Diário*, por uma razão inversa. É que o *Diário* atravessa tudo: o *Diário* é o próprio rizoma. Não é um elemento no sentido de um aspecto da obra, mas o elemento (no sentido de meio) do qual Kafka declara que não queria sair, como um peixe. É porque esse elemento comunica com todo o fora, e distribui o desejo das cartas, o desejo das novelas, o desejo dos romances.

CAPÍTULO 5 [79]
Imanência e desejo

Contra a lei, a culpa, etc. – Processo: o contíguo, o contínuo e o ilimitado

A teologia negativa ou da ausência, a transcendência da lei, o *a priori* da culpa são temas recorrentes em muitas interpretações de Kafka. Os textos célebres do Processo (e também da Colônia penal e da Muralha da China) pressentem a lei como pura forma vazia e sem conteúdo, cujo objeto permanece irreconhecível: a lei não pode, portanto, enunciar-se a não ser em uma sentença, e a sentença não pode se apreender senão em um castigo. Ninguém conhece o interior da lei. Ninguém sabe o que é a lei no interior da Colônia; e as agulhas da máquina escrevem a sentença no corpo do condenado que não a conhecia, ao mesmo tempo em que elas lhe infligem o suplício. "O homem decifra a sentença com suas chagas."[1] Na Muralha da China, "que suplício ser governado por leis que não se conhece [...] e o caráter das Leis necessita também do segredo sobre seu conteúdo." Kant fez a teoria racional do reviramento, da concepção grega à concepção judaico-cristã da lei: a lei não depende mais de um Bem pré-existente que lhe daria uma matéria, ela é pura

---

[1] "Ele vai experimentá-la [a sentença] na própria carne" (KAFKA, F. A colônia penal. In: *Essencial Franz Kafka*. Seleção, tradução e introdução de Modesto Carone. São Paulo: Penguin Classics; Companhia das Letras, p. 71). (N.T.)

forma, da qual depende o bem como tal. É bem o que enuncia a lei, nas condições formais em que ela mesma se enuncia.

[80] Dir-se-ia que Kafka se inscreve nesse reviramento. Mas o humor que ele coloca nisso dá mostras de uma intenção totalmente outra. Trata-se menos para ele de delinear esta imagem da lei transcendente e incognoscível que de *demonstrar o mecanismo* de uma máquina de uma natureza totalmente diferente, que tem somente necessidade dessa imagem da lei para coordenar suas engrenagens e fazê-las funcionar junto "com um sincronismo perfeito" (desde que essa imagem-foto desaparece, as peças da máquina se dispersam como na Colônia). O Processo deve ser considerado como uma investigação científica, um relatório de experiências sobre o funcionamento de uma máquina, em que a lei corre fortemente o risco de desempenhar o papel de armadura exterior. É por isso que os textos do Processo não podem ser utilizados senão com uma grande prudência. O problema concerne à sua importância respectiva, e sobretudo sua distribuição no romance, tal como Max Brod a operou de maneira a servir à sua tese de uma teologia negativa.

O problema concerne, antes de tudo, ao breve capítulo final, sobre a execução de K, e o capítulo precedente, na Catedral, em que o padre faz o discurso da lei. Pois nada nos diz que o capítulo final tenha sido escrito no fim do Processo; pode ser que ele tenha sido escrito no começo da redação, quando Kafka estava ainda sob o impacto de sua ruptura com Felice. É um fim prematuro, anexado, abortado. Não se pode prejulgar o lugar em que Kafka o teria colocado. Poderia ser um sonho situável no decorrer do romance. Por exemplo, Kafka publicou à parte, sob o título "Um sonho", um outro fragmento previsto para o Processo. Max Brod estava melhor inspirado quando ele próprio assinala a que ponto o Processo é um romance interminável, propriamente indefinido: "Como o processo, segundo o que dizia Kafka, não devia jamais conseguir chegar à suprema instância, o romance se encontrava ele também inacabável em certo sentido; ele poderia se pro-

[81] longar ao infinito." Essa maneira de terminar pela execução de K é contradita por todo o encaminhamento do romance,

e pelo estado de "moratória ilimitada" que regula o Processo. Impor a execução de K como capítulo final parece-nos ter um equivalente na história da literatura: os que colocaram a célebre descrição da peste ao final do livro de Lucrécio. Nos dois casos, trata-se de mostrar que um epicurista só pode, no último momento, curvar-se à angústia, ou que um judeu de Praga só pode assumir a culpa que o trabalha. Quanto ao outro capítulo, na Catedral, o lugar de honra que lhe é dado como se indicasse uma chave do romance, como se constituísse uma pré-conclusão de caráter religioso, é também contradita por seu próprio conteúdo: a narrativa do guardião da lei fica ambígua, e K se apercebe de que o padre que o narra é um membro do aparelho judiciário, capelão das prisões, um elemento em toda uma série de outros e que não tem qualquer privilégio, a série não tem nenhuma razão para terminar com ele. Pode-se seguir Uyttersprot quando ele propõe deslocar esse capítulo e colocá-lo antes daquele do "advogado, do industrial e do pintor".[2]

Do ponto de vista de uma transcendência suposta da lei, deve haver uma certa conexão necessária da lei com a culpa, com o incognoscível, com a sentença ou o enunciado. A culpa deve ser, com efeito, o *a priori* que corresponde à transcendência, para todos ou para cada um, culpado ou inocente. A lei não tendo objeto, mas sendo pura forma, não pode ser do domínio do conhecimento, mas exclusivamente da necessidade prática absoluta; o padre na catedral explicará que "não se é obrigado a crer que é verdadeiro tudo o que diz o guardião, basta que se o tenha por necessário".[3] Enfim, porque ela não tem objeto [82] de conhecimento, a lei só se determina ao se enunciar, e só se enuncia no ato da punição: enunciado direto sobre o real, direto sobre o corpo e a carne; enunciado prático, que se opõe a toda proposição especulativa. Todos esses temas estão bem presentes no Processo. Mas, precisamente, são eles que fazem

---

[2] [1] Cf. UYTTERSPOT, H. *Eine neue Ordnung der Werke Kafkas?* [*Uma nova organização da obra de Kafka?*] Anvers, 1957.

[3] "Não é preciso considerar tudo como verdade, é preciso apenas considerá-lo necessário." (KAFKA, 1997, p. 269).

IMANÊNCIA E DESEJO   83

o objeto de uma *desmontagem* minuciosa, e até mesmo de uma demolição, através da longa experimentação de K. O primeiro aspecto dessa desmontagem consiste em "eliminar *a priori* toda ideia de culpa", esta fazendo parte da acusação mesma: a culpa não é jamais outra coisa que não o movimento aparente em que os juízes ou mesmo os advogados lhes encurralam para impedi-los de fazer o movimento real, ou seja, de ocupar-se de seus próprios afazeres.[4,5] Em segundo lugar, K se aperceberá de que, se a lei permanece incognoscível, não é porque ela esteja retirada em sua transcendência, mas simplesmente porque ela é desprovida de toda interioridade: ela está sempre no escritório ao lado, ou atrás da porta, ao infinito (isto se via já desde o primeiro capítulo do *Processo*, onde tudo se passava no "cômodo vizinho"). Enfim, não é a lei que se enuncia em virtude das exigências de sua fingida transcendência, é quase o contrário, é o enunciado, é a enunciação que faz lei, em nome de um poder imanente daquele que enuncia: a lei se confunde com o que diz o guardião, e *os escritos precedem a lei*, longe de ser dela expressão necessária e derivada.

[83] Os três temas mais inconvenientes em muitas das interpretações de Kafka são a transcendência da lei, a interioridade da culpa, a subjetividade da enunciação. Eles estão ligados a todas as estupidezes que se escreveram sobre a alegoria, a metáfora, o simbolismo de Kafka. E também à ideia do trágico, do drama interior, do tribunal íntimo, etc. E sem dúvida Kafka dá a colher de chá: ele a dá mesmo e, sobretudo, a Édipo; mas não por complacência, mas porque ele quer fazer dele

---

[4] [2] "[...] era sobretudo necessário, se queria atingir seu alvo, eliminar *a priori* toda ideia de culpa. Não havia delito, o processo nada mais era do que um caso como os de que ele tinha tratado para o banco, um caso a propósito do qual, como de regra, diversos perigos se apresentavam para os quais era preciso se preparar." *Le procès* [*O processo*], Gallimard, p. 154.

[5] "[...] era necessário, acima de tudo, repelir qualquer ideia de uma possível culpa. Não havia culpa. O processo não era senão um grande negócio, como os que ele já havia fechado com vantagem para o banco; um negócio no interior do qual, conforme a regra, espreitavam diversos perigos que tinham de ser conjurados." (KAFKA, 1997, p. 154). (N.T.)

um uso muito especial que serve a seu projeto "diabólico". É absolutamente vão recensear um tema em um escritor se não se pergunta qual a sua importância exata na obra, quer dizer, exatamente *como ele funciona* (e não seu "sentido"). Lei, culpa, interioridade, Kafka tem efetivamente a maior necessidade disso, como do movimento aparente de sua obra. Movimento aparente não significa de modo algum uma máscara, sob a qual outra coisa estaria escondida. O movimento aparente indica antes pontos de desconexão, de desmontagem que devem guiar a experimentação, para mostrar os movimentos moleculares e os agenciamentos maquínicos dos quais o "aparente", de fato, resulta globalmente. Pode-se dizer que lei, culpa, interioridade, estão por toda parte. Mas basta considerar uma peça precisa da máquina de escrita, que sejam apenas as três engrenagens principais, cartas-novelas-romances, para ver que esses temas também não estão em lugar algum e não funcionam de modo algum. Cada uma das engrenagens tem bem uma tonalidade afetiva principal. Mas, nas cartas, é o medo, e de modo algum a culpa: medo que a armadilha se feche sobre ele, medo de um retorno de fluxo, medo que atravessa o vampiro de ser surpreendido em pleno dia pelo sol, pela religião, pelo alho, pela estaca (Kafka tem muito profundamente medo das pessoas, e do que vai se passar, nas cartas: é de fato coisa diferente da culpa ou da humilhação). E, nas novelas de devir-animal, [84] é a fuga, que é, ela também, uma tonalidade afetiva, sem nenhuma relação tampouco com a culpa, e distinta, por seu turno, do medo (o devir animal vive na fuga mais do que no medo: o bicho da Toca não tem medo, propriamente dito, e os chacais não têm medo, eles vivem antes em uma "esperança estúpida"; e os cães músicos "não podem mais ter medo, tendo-se lançado a semelhante empresa"). Nos romances, enfim, é curioso a que ponto K não se sente culpado, não tem medo nem foge: ele tem mesmo todas as audácias, ele apresenta uma nova tonalidade, muito bizarra, um sentido da desmontagem a um só tempo jurídica e de engenheira, que é um verdadeiro sentimento, um *Gemüt*. Medo, fuga e desmontagem, é preciso pensá-las como três paixões, três intensidades, correspondendo ao pacto diabólico, ao devir-animal, aos agenciamentos maquínicos e coletivos.

Portanto, seria preciso defender as interpretações realistas e sociais de Kafka? Evidentemente, já que elas são infinitamente mais próximas de uma não interpretação. E que é melhor falar dos problemas de uma literatura menor, da situação de um judeu em Praga, da América, da burocracia e dos grandes processos, que de um Deus ausente. Objeta-se, por exemplo, que a América é irreal, que a greve em Nova Iorque fica ali indeterminada, que as condições de trabalho mais duras não suscitam ali qualquer indignação, que a eleição do juiz cai ela mesma no não sentido. Nota-se, com justeza, que não há jamais *crítica* em Kafka: mesmo na Muralha da China, o partido minoritário pode supor que a lei é somente o fato arbitrário da "nobreza", ele não proclama qualquer ódio, e "se esse partido que não crê em nenhuma lei permaneceu bastante fraco e impotente, é que ele aceita a nobreza e reconhece seu direito [85] à existência". No Processo, K não se insurge contra a lei, e se coloca voluntariamente ao lado do poderoso ou do carrasco: ele dá uma cotovelada em Franz que se está a flagelar, ele aterroriza um acusado pegando-o pelo braço, ele zomba de Block na casa do advogado. No Castelo, K gosta de ameaçar e de punir, quando pode. Pode-se concluir disso que, não sendo "crítico de seu tempo", Kafka dirige "sua crítica contra si mesmo" e não tem outro tribunal além de um "tribunal íntimo"? É grotesco, porque se faz da crítica uma dimensão da representação: se esta não é externa, ela só pode ser interna, a partir daí. Trata-se, no entanto, totalmente de outra coisa: Kafka se propõe a extrair das representações sociais os agenciamentos de enunciação, e os agenciamentos maquínicos, e de desmontar esses agenciamentos. Já nas novelas animais, Kafka traçava linhas de fuga; mas não fugia "para fora do mundo", era antes o mundo e sua representação que ele *fazia fugir* (no sentido em que um tubo foge) e que ele arrastava sobre essas linhas. Tratava-se de falar, e de ver, como um escaravelho, como um besouro. Com mais forte razão, nos romances, a desmontagem dos agenciamentos faz fugir a representação social, de maneira muito mais eficaz que uma "crítica", e opera uma desterritorialização do mundo que é ela mesma política, e não tem nada a ver com uma operação intimista.[6] A escrita tem esta dupla função: transcrever em agenciamentos, desmontar os agenciamentos. Os dois são um só. [86] É por isso que através de toda a obra de Kafka tendíamos a distinguir duas instâncias de alguma maneira encaixadas umas nas outras: primeiro, *os índices maquínicos*, em seguida, *as máquinas abstratas*, enfim, *os agenciamentos de máquina*. Os índices maquínicos são os signos de um agenciamento que não está ainda desprendido nem desmontado por si mesmo, porque se apreendem somente as peças que o compõem, sem nem mesmo saber como elas o compõem. Essas peças são no mais das vezes seres vivos, animais, mas só valem precisamente como as partes ou configurações moventes do agenciamento que os ultrapassa, e cujo mistério permanece inteiro no momento mesmo em

---

[6] [3] O intimismo pequeno-burguês e a ausência de toda crítica social serão, de início, os temas principais da oposição dos comunistas em face de Kafka. A gente se lembra da enquete do hebdomadário *Ação* em 1946, "É preciso queimar Kafka?" Depois, as coisas se endurecendo, Kafka será cada vez mais denunciado como um antissocialista ativo, travando um combate contra o proletariado através do retrato que faz da burocracia. Sartre intervém no congresso da Paz em Moscou, em 1962, para reclamar uma melhor análise das relações cultura-política, e de Kafka em particular. Seguem-se dois colóquios em Liblice, na Tchecoslováquia (1963 e 1965), concernindo Kafka. Os iniciados veem nisso o signo de uma profunda mudança; e, com efeito, ouviram-se comunicações importantes de Goldstücker, de Fischer e de Karst. Mas não havia participantes russos, os colóquios tiveram pouco eco na imprensa literária. A RDA foi a única a falar muito deles, para denunciá-los. Esses colóquios, e a influência de Kafka, foram em seguida atacados como uma das causas da "primavera de Praga". Goldstücker diz: "acusavam-nos, a Ernst Fischer e a mim mesmo, de ter querido eliminar do espírito dos homens socialistas o Fausto de Goethe, símbolo da classe operária, para substituí-lo pelo triste herói de Kafka, Gregor Samsa, metamorfoseado em escaravelho." Goldstücker teve que emigrar para a Inglaterra, Karst, para a América. Sobre todos esses pontos, sobre a posição respectiva dos diferentes governos do Leste, e sobre as declarações recentes de Karst e de Goldstücker, cf. o excelente artigo de Antonin Liehm, "Franz Kafka dix ans après" ["Franz Kafka dez anos depois"], *Les Temps modernes* [*Os tempos modernos*], julho de 1973, n. 323 bis.

que eles são os operadores ou executantes dele: assim, os cães músicos são realmente as peças de um agenciamento musical, e produzem o tumulto por "sua maneira de levantar e pousar as patas, certos movimentos de suas cabeças, suas corridas e suas paradas, as posições que eles assumiam uns em relação aos outros, as figuras lembrando as de uma dança que eles executavam em boa ordem", mas eles funcionam somente como índices, já que "não falam nem cantam, e se calam quase o tempo todo com uma terrível obstinação".[7] Esses índices maquínicos (e não alegóricos ou simbólicos) se desenvolvem particularmente nos devires-animais e nas novelas animalescas. A Metamorfose constitui um agenciamento complexo cujos índices são Gregor-animal, a irmã musical, os índices-objetos a comida, o som, a foto, a maçã, e os índices-configurações o triângulo familiar, o triângulo burocrático. A cabeça curvada que se reergue, o som que se enxerta sobre a voz e a faz descarrilar funcionam também como tais índices, na maior parte das novelas. Há, portanto, índices maquínicos quando uma máquina está sendo montada e já funciona, sem que se saiba como procedem ainda as partes disparatadas que a montam e a fazem funcionar. Mas o caso inverso aparece também nas novelas: *máquinas abstratas* surgem por elas mesmas e sem índices, todas montadas, mas desta vez elas não têm, ou não têm mais, funcionamento. Tais a máquina da Colônia penal, que responde à Lei do velho comandante e que não sobrevive à sua própria desmontagem, ou a bobina chamada Odradek, da qual "a gente seria tentado a crer que ela teve outrora uma forma útil e que é agora uma coisa quebrada, mas isso seria sem dúvida um erro [...], o conjunto parece vazio de sentido, mas completo em seu gênero", ou as bolas de pingue-pongue de Blumfeld. Ora, parece que a representação da lei transcendente, com seu cortejo de culpa e de incognoscibilidade, é uma tal

---

[7] "O modo como erguiam e baixavam os pés, certas viradas da cabeça, o de correr e repousar, as posições que assumiam uns em relação aos outros, as formações à maneira de ciranda que iam tomando [...]. Eles não falavam, não cantavam, silenciavam em geral com uma certa obstinação [...]" (KAFKA, Investigações de um cão, 2002, p. 150). (N.T.)

máquina abstrata. Se a máquina da Colônia penal, enquanto representante da lei, aparece como arcaica e ultrapassada, não é de modo algum, como se disse frequentemente, porque haveria uma nova lei mais moderna, mas porque a forma da lei em [88] geral é inseparável de uma máquina abstrata autodestrutiva e que não pode se desenvolver concretamente. É por isso que as novelas pareceram esbarrar em dois perigos que as fazem ter curto alcance, ou bem as forçam a permanecer inacabadas, ou bem as impedem de se desenvolver em romances: seja que elas dispõem somente de índices maquínicos de montagem, por mais vivos que sejam; seja que elas colocam em cena máquinas abstratas todas montadas, mortas e que não chegam a se ligar concretamente (notar-se-á que Kafka publica de bom grado seus textos sobre a lei transcendente nas novelas curtas que ele destaca de um conjunto).

Restam, então, os agenciamentos maquínicos como objetos de romance. Dessa vez, os índices maquínicos deixam de ser animais: eles se agrupam, fazem nascer séries, põem-se a proliferar, acarretam todas as sortes de figuras humanas ou de pedaços de figuras. De outra parte, a máquina abstrata muda singularmente: ela cessa de ser reificada e separada, ela não existe mais fora dos agenciamentos concretos, sociais-políticos, que a encarnam; ela se difunde neles, e mede somente o teor maquínico deles. Enfim, o agenciamento não vale como uma máquina se montando, de funcionamento misterioso, nem como máquina toda montada, que não funciona, ou não funciona mais: ele só vale pela *desmontagem* que opera da máquina e da representação, e funcionando atualmente, ele só funciona por e na sua desmontagem. Ele nasce dessa desmontagem (não é nunca a montagem da máquina que interessa a Kafka). Esse método de desmontagem ativa não passa pela crítica, que pertence ainda à representação. Ele consiste antes em prolongar, em acelerar todo um movimento que já atravessa o campo social: ele opera em um virtual, já real sem ser atual (as [89] potências diabólicas do porvir que só fazem bater à porta no momento). O agenciamento se descobre não em uma crítica social ainda codificada e territorial, mas em uma decodificação, em uma desterritorialização, e na aceleração romanesca dessa descodificação

IMANÊNCIA E DESEJO

89

e dessa desterritorialização (como para a língua alemã, ir sempre mais longe nesse movimento que carrega o campo social). É um procedimento muito mais intenso que toda crítica. K o diz ele mesmo: suponhamos querer transformar o que é ainda apenas um *procedimento* no campo social em uma *procedura* como movimento virtual infinito, que dá no limite o agenciamento maquínico do *processo* como real porvir e já aí.[8] O conjunto da operação se chama um processo, justamente interminável; Marthe Robert sublinha esta ligação do processo judicial e do processo, e não é certamente um processo mental, psíquico, interior.

Eis, portanto, as características novas do agenciamento maquínico romanesco, por diferença em relação aos índices e às máquinas abstratas. Eles impõem não uma interpretação ou uma representação social de Kafka, mas uma experimentação, um protocolo social-político. A questão se torna: como funciona o agenciamento, já que ele funciona realmente no real? que função ele assegura? (A gente se perguntará somente em seguida em que ele consiste, quais são seus elementos e suas ligações). Devemos, então, seguir em vários níveis o conjunto do andamento do Processo, levando em conta tanto a incerteza objetiva sobre o pretenso último capítulo, quanto a certeza de que o penúltimo capítulo, "Na catedral", foi mais ou menos voluntariamente mal localizado por Brod. Seguindo uma primeira impressão, tudo é falso no Processo: mesmo a lei, ao encontro da lei kantiana, erige a mentira em regra universal. Os advogados são falsos advogados, os juízes, falsos juízes, "advogados marrons", "empregados venais e infiéis", ou, ao menos, a tal ponto subalternos que escondem as verdadeiras instâncias e "as cortes de justiça inacessíveis"[9] que não se deixam mais representar. Contudo, se essa primeira

---

[8] [4] *Le procès* [*O processo*], p. 56: "Vocês podem objetar-me, além disso, que não se trata de um processo. Nesse caso, eu dou a vocês cem vezes razão, os procedimentos dos senhores não constituindo uma procedura a não ser que eu o admita". ["O senhor pode objetar que não se trata de maneira alguma de um processo, e tem toda razão, pois só é um processo se eu o reconhecer como tal" (KAFKA, 1997, p. 56). (N.T.)]

[9] Respectivamente: "rábulas", "funcionários relapsos e subornáveis" e "cortes judiciais inacessíveis" (KAFKA, 1997, p. 143, 144 e 150). (N.T.)

impressão não é definitiva, é que há uma potência do falso, e que é mau pesar a justiça em termos de falso ou verdadeiro. Também a segunda impressão é muito mais importante: *ali onde se acreditava que havia lei, há de fato desejo e somente desejo.* A justiça é desejo, e não lei. Todo o mundo, com efeito, é funcionário da justiça: não somente os simples auditores, não somente o padre e o pintor eles mesmos, mas as jovens mulheres equívocas e as menininhas perversas que ocupam tanto lugar no Processo. O livro de K, na catedral, não é um livro de preces, mas um álbum de curiosidades da cidade; o livro do juiz não contém senão imagens obscenas. A lei é escrita sobre um livro pornô. Não se trata mais aqui de sugerir uma falsidade eventual da justiça, mas seu caráter desejante: os acusados são por princípio os mais belos, a gente os reconhece por sua estranha beleza. Os juízes se conduzem e raciocinam "como crianças". Ocorre que uma simples brincadeira desvie a repressão. A justiça não é Necessidade, mas, ao contrário, Acaso, e Titorelli pinta a alegoria dela como fortuna cega, desejo alado. Ela não é vontade estável, mas desejo movente. É curioso, diz K, a justiça não deveria se mexer, para não perturbar suas balanças. Mas o padre explica em um outro lugar: "A justiça não quer nada de você, *ela te prende quando* [91] *você vem e te deixa quando você se vai.*"[10] As jovens mulheres não são equívocas porque elas escondem sua qualidade de auxiliares da justiça, ao contrário, elas se revelam auxiliares porque elas fazem gozar identicamente juízes, advogados e acusados, de um só e mesmo desejo polívoco. Todo o Processo é percorrido por uma polivocidade de desejo que lhe dá sua força erótica. A repressão não pertence à justiça sem ser ela mesma desejo, tanto do lado daquele que reprime quanto do lado do reprimido. E as autoridades de justiça não são das que procuram os delitos, mas as que *são atraídas, colocadas em jogo pelo delito.*[11] Elas fuçam, cavam, prospectam: são cegas, e não admitem prova alguma, mas levam especialmente em consideração os incidentes de corredor,

---

[10] "O tribunal não quer nada de você. Ele o acolhe quando você vem e o deixa quando você vai" (KAFKA, 1997, p. 271). (N.T.)

[11] "[...] atraídas pela culpa [...]" (KAFKA, 1997, p. 15). (N.T.)

IMANÊNCIA E DESEJO

os cochichos de sala, as confidências de oficina, os barulhos atrás da porta, os murmúrios de bastidores, todos os microacontecimentos que exprimem o desejo e seus acasos. Se a justiça não se deixa representar, é porque ela é desejo. O desejo não está jamais sobre uma cena, onde ele apareceria ora como um partido se opondo a um outro partido (o desejo contra lei), ora como presente dos dois lados sob o efeito de uma lei superior que regularia sua distribuição e sua combinação. Pensemos na representação trágica segundo Hegel: Antígona e Creonte se movem em cena como dois "partidos". E é assim que K imagina ainda a justiça no momento de seu primeiro interrogatório: haveria dois lados, dois partidos, um talvez mais favorável ao desejo, o outro, à lei, e cuja distribuição de todas as maneiras remeteria ela mesma a uma lei superior. Mas K se apercebe de que não é assim; o importante não é o que se passa na tribuna, nem os movimentos de conjunto dos dois partidos, mas as agitações moleculares que colocam em jogo os corredores, os bastidores, as portas de trás e os cômodos ao lado. O teatro de América não passa de uma enorme coxia, um imenso corredor que aboliu todo espetáculo e toda representação. E é a mesma coisa em política (o próprio K compara a cena do tribunal a uma "reunião política", e mais precisamente a um encontro socialista). Ali também o mais importante não é o que se passa na tribuna, onde se debatem somente questões de ideologia. Justamente, a lei é dessas questões; por toda parte em Kafka, no Processo, na Muralha da China, a lei é pensada em relação com diferentes "partidos" de comentadores. Mas, politicamente, o importante se passa sempre alhures, nos corredores do congresso nos bastidores do encontro onde se afrontam os verdadeiros problemas imanentes de desejo e de poder – o problema efetivo da "justiça".

[92]

A partir daí, é preciso renunciar mais que nunca à ideia de uma transcendência da lei. Se as instâncias últimas são inacessíveis e não se deixam representar, não é em função de uma hierarquia infinita própria à teologia negativa, mas em função de uma *contiguidade do desejo* que faz com que o que se passa esteja sempre no escritório ao lado: a contiguidade dos escritórios, a segmentaridade do poder substituem a hierarquia das instâncias e a eminência do soberano (já o castelo se revelava ser um amontoado de cabanas segmentárias e contíguas, à maneira da burocracia dos Habsburgo e do mosaico das nações no império austríaco). Se todo mundo pertence à justiça, se todo mundo é auxiliar dela, do padre às menininhas, não é em virtude da transcendência da lei, mas da imanência do desejo. E é bem sobre esta descoberta que desembocam muito rapidamente a investigação ou experimentação de K: enquanto o tio o pressionava a levar a sério seu processo, portanto, a ir ver um advogado para passar por todos os desfiles da transcendência, K se apercebe de [93] que ele tampouco deve se deixar representar, que ele não tem necessidade de representante, ninguém devendo se interpor entre ele e seu desejo. Ele só encontrará a justiça se mexendo, indo de cômodo em cômodo, seguindo seu desejo. Ele tomará nas mãos a máquina de expressão: redigirá a petição, escreverá ao infinito, pedirá uma licença para se consagrar inteiramente a este trabalho "quase interminável".[12] É nesse sentido que o próprio Processo é um romance interminável. *Um campo ilimitado de imanência, em lugar de uma transcendência infinita.* A transcendência da lei era uma imagem, uma foto das alturas; mas a justiça é antes como o som (o enunciado) que não cessa de escorrer. *A transcendência da lei era máquina abstrata, mas a lei só existe na imanência do agenciamento maquínico da justiça.* O Processo é o despedaçamento de toda justificação transcendental. Não há nada a julgar no desejo, o juiz é ele mesmo todo feito de desejo. A justiça é somente o processo imanente do desejo. O processo é ele mesmo um continuum, mas um continuum feito de contiguidades. O contíguo não se opõe ao contínuo, ao contrário: é sua construção local, prolongável indefinidamente, portanto, também a desmontagem — sempre o escritório ao lado, o cômodo contíguo. Barnabé "vai aos escritórios, mas em uma só parte do conjunto dos escritórios; depois desses há uma barreira, e atrás da barreira há ainda outros escritórios. Não se o proíbe de ir mais longe [...]. Não é preciso representar essa barreira como um limite preciso [...]. Existem barreiras que ele ultrapassa, e elas não parecem diferentes das

---

[12] "[...] quase infinito [...]" (KAFKA, 1997, p. 156). (N.T.)

IMANÊNCIA E DESEJO

93

que ele ainda não ultrapassou".[13] A justiça é esse continuum do desejo, com limites moventes e sempre deslocados.

[94] É esse processo, esse continuum, esse campo de imanência que o pintor Titorelli analisa sob o nome de moratória ilimitada. Texto determinante do Processo, e que faz de Titorelli um personagem especial. Ele distingue três casos possíveis em princípio: a absolvição[14] definitiva, a absolvição aparente e a moratória ilimitada. O primeiro caso nunca se viu de fato, já que ele implicaria a morte ou a abolição do desejo tendo acabado seu processo. Em contrapartida, o segundo caso corresponde à máquina abstrata da lei. Ele se define, com efeito, pela oposição dos fluxos, a alternância dos polos, a sucessão dos períodos: um contrafluxo de lei por um fluxo de desejo, um polo de fuga por um polo de repressão, um período de crise por um período de compromisso. Dir-se-ia que a lei formal ora se retira em sua transcendência deixando um campo provisoriamente livre ao desejo-matéria, ora faz emanar de sua transcendência as hipóstases hierarquizadas capazes de jugular e de reprimir o desejo (com efeito, há muitas leituras neoplatônicas de Kafka). De duas maneiras diferentes, esse estado, ou antes, esse ciclo da absolvição aparente corresponde à situação de Kafka nas cartas, ou nas novelas animalescas e os devires-animais. O processo no hotel, a propósito de Felice, é o contragolpe da lei reagindo ao golpe das cartas, o processo feito ao vampiro que sabe bem que sua absolvição só pode ser aparente. E o processo feito ao devir-animal é, sucedendo ao polo positivo da linha de fuga, o polo negativo da lei transcendente que reobstrui a saída, e envia a hipóstase familiar

---

[13] "Ele vai às repartições, mas é apenas uma parte de todas elas, depois existem barreiras e atrás delas há ainda outras repartições. Não o proíbem de continuar andando pura e simplesmente [...]. Você não pode imaginar também essas barreiras como uma fronteira definida [...]. Existem barreiras também nas repartições onde ele entra, existem portanto até barreiras pelas quais passa e elas não parecem diferentes daquelas que ele ainda não ultrapassou" (KAFKA, 2000, p. 263). (N.T.)

[14] Este termo traduz aqui o francês *acquittement*, que tem, além da conotação jurídica, uma outra, que diz respeito à quitação de uma dívida. (N.T.)

para alcançar o culpado – reedipianização de Gregor, a maçã platônica que lhe joga seu pai.

Mas a maçã é justamente a que K come no começo do *Processo*, em uma cadeia partida que se estabelece com a *Metamorfose*. Pois toda a história de K é a maneira pela qual ele se afunda progressivamente na moratória ilimitada, rompendo com as fórmulas de absolvição aparente. Ele sai, assim, [95] da máquina abstrata da lei, que opõe a lei ao desejo como o espírito ao corpo, como a forma à matéria, para entrar no agenciamento maquínico da justiça, quer dizer, na imanência mútua de uma lei decodificada e de um desejo desterritorializado. Mas que significam esses termos mesmos, "moratória" e "ilimitada"? Se K recusa a absolvição aparente, não é na esperança de uma absolvição real, menos ainda no desespero íntimo de uma culpa que quer se nutrir de si mesma. Pois a culpa está inteira e totalmente do lado da absolvição aparente. Pode-se dizer da absolvição aparente que ela é, a um só tempo, infinita e limitada, descontínua. É infinita porque circular, esposando "a circulação das peças nos escritórios" seguindo um círculo largo. Mas é limitada e descontínua porque o ponto de acusação se distancia ou se aproxima segundo esta circulação, determinando "altos e baixos com oscilações mais ou menos amplas e paradas mais ou menos grandes"[15]: fluxos opostos, polos opostos, períodos opostos de inocência *e* de culpa, de liberdade *e* de nova prisão. A absolvição real estando fora de questão, a questão da inocência "ou" da culpa recai inteira e totalmente sob a absolvição aparente que determina os dois períodos descontínuos e o reviramento de um ao outro. A inocência, aliás, é uma hipótese ainda mais perversa que a da culpa. Inocente ou culpado, é a questão do infinito, esta não é certamente a questão de Kafka. Dizemos que a moratória, ao contrário, é finita, ilimitada e contínua. É finita porque não há mais transcendência, e porque opera por segmentos:

---

[15] Respectivamente "trânsito ininterrupto dos cartórios" e "de cima para baixo, oscilações, com impulsos maiores ou menores e maiores ou menores paralisações" (KAFKA, 1997, p. 193). (N.T.)

o acusado não tem mais que fazer "penosas solicitações".[16] nem que temer um brusco reviramento (sem dúvida uma circulação subsiste, mas "em um pequeno círculo ao qual se limitou artificialmente sua ação",[17] e ainda esta pequena circulação não passa de "aparência", um resíduo da absolvição aparente). E também a moratória é ilimitada e contínua, porque não cessa de juntar um segmento ao outro, em contato com o outro, contíguo ao outro, operando pedaço por pedaço para recuar sempre o limite. A crise é contínua porque é sempre ao lado que isso se passa. O "contato" com a justiça, a contiguidade, substitui a hierarquia da lei. A moratória é perfeitamente positiva e ativa: ela se torna uma com a desmontagem da máquina, com a composição do agenciamento, sempre uma peça ao lado da outra. Ela é o processo em si mesmo, o traçado do campo de imanência.[18] E é ainda mais evidente no Castelo a que ponto K é unicamente desejo: um só problema, estabelecer ou manter "contato" com o castelo, estabelecer ou manter "ligação".

---

[16] "os esforços e as agitações" (KAFKA, 1997, p. 195). (N.T.)

[17] "no pequeno círculo em que está encerrado de modo artificial" (KAFKA, 1997, p. 196). (N.T.)

[18] [5] Parece-nos, de fato, inexato definir a moratória ilimitada como um estado de "perturbação", "de indecisão" e de "má consciência".

CAPÍTULO 6 [97]

Proliferação das séries

Problema do poder. – Desejo, segmento e linha

Este funcionamento do agenciamento só pode se explicar se se considera, desmontando-o, os elementos que o compõem e a natureza de suas ligações. Os personagens do Processo aparecem em uma grande série que não cessa de proliferar: todo mundo, com efeito, é funcionário ou auxiliar da justiça (e no Castelo todo mundo tem a ver com o castelo), não somente os juízes, os advogados, os oficiais de justiça, os policiais, mesmo os acusados, mas também as mulheres, as menininhas, o pintor Titorelli, o próprio K. Só que a grande série se subdivide em subséries. E cada uma dessas subséries tem, por sua vez, uma espécie de proliferação esquizofrênica ilimitada: assim, Block nela está a empregar simultaneamente seis advogados; Titorelli faz surgir uma série de quadros todos idênticos; K reencontra sempre estranhas jovens mulheres, de um mesmo tipo global, em cada uma de suas requisições (Elza, a namorada de antes do processo, garçonete de cabaré; a senhorita Bürstner, "pequena datilógrafa que não lhe resistiria muito tempo";[1] a lavadeira, amante do juiz e mulher do oficial de justiça; Leni, a enfermeira-empregada-secretária do advogado; as menininhas na casa de Titorelli). Ora, a primeira característica

---

[1] "simples datilógrafa que não iria lhe oferecer resistência por muito tempo" (KAFKA, 1997, p. 103). (N.T.)

dessas séries proliferantes é que elas vão desbloquear uma situação que, alhures, fechava-se sobre um impasse. [98] As duplas ou os trios sempre foram frequentes em Kafka. Eles não se confundem. A triangulação do sujeito, de origem familiar, consiste em fixar sua *posição* em relação a dois outros termos representados (pai-mãe-criança). A duplicação do sujeito, em sujeito de enunciação e sujeito de enunciado, concerne o *movimento* do sujeito em um de seus representantes, ou nos dois conjuntamente: também é ele fraternal, inclusive no ódio, mais do que parental; e profissional, inclusive na rivalidade, mais do que familiar. A maior parte das duplas de Kafka é sobre o tema dos dois irmãos ou dos dois burocratas, seja que um se mexa enquanto o outro permanece imóvel, seja que eles façam todos dois os mesmos movimentos.[2] Ainda assim, os duos e trios se penetram. No caso em que um dos duplos permanece imóvel e se contenta em transferir o movimento para o outro, parece que essa inércia propriamente burocrática tenha sua origem no triângulo familiar, enquanto mantém a criança imóvel e a condena ao devaneio. Kafka diz, nesse sentido, que o espírito burocrático é a virtude social que decorre diretamente da educação familiar.[3] E, no outro caso, em que os duplos fazem juntos o movimento, sua atividade supõe ela mesma [99] um terceiro termo, como um chefe de escritório do qual eles dependem: é assim que Kafka apresenta constantemente trios,

---

[2] [1] Os dois casos se encontram frequentemente em Kafka: as duplas que fazem juntas o mesmo movimento, por exemplo, a aparição de Arthur e Jeremias no primeiro capítulo do *Castelo*; o duplo imóvel que envia seu duplo para se mover, cf. o tema do *Desaparecido*, o *Veredito* e, no *Castelo*, Sortini e Sordini ("Sordini aproveita-se da similitude de seus nomes para se livrar de seus deveres de representação para cima de Sortini, e não ser perturbado em seu trabalho"). ["(...) explora a semelhança de nome para descarregar sobre Sortini os deveres de representação e desse modo permanecer no trabalho sem ser perturbado" (KAFKA, 2000, p. 293). (N.T.)] Parece que o primeiro caso é apenas uma preparação do segundo: mesmo Arthur e Jeremias se separam, Arthur retornando ao Castelo, enquanto Jeremias se agita na aldeia e perde sua juventude. Sobre o caráter burocrático do duplo, cf. uma das obras primas de Dostoiévski, *o Duplo*.

[3] [2] *Journal* [*Diário*], p. 475; *Lettres à Felice* [*Cartas a Felice*], II, p. 806.

triangulações formalmente burocráticas. Os dois burocratas emanam forçosamente de um terceiro superior, do qual eles são a direita e a esquerda. Inversamente, então, se o duplo burocrático remete ao triângulo familiar, este, por sua vez, pode ser substituído por triângulos burocráticos. E todas essas figuras são muito complicadas em Kafka. Uma vez, estando dado o triângulo familiar, como na Metamorfose, um termo de uma outra natureza vem se juntar ou se substituir: o gerente chega atrás da porta de Gregor e se introduz na família. Mas outra vez também é um trio de burocratas em bloco que se instala e toma os lugares da família, mesmo provisoriamente: a introdução do gerente, na Metamorfose, não fez senão preparar este momento. Outra vez ainda, como no começo do Processo, não há triângulo familiar preexistente (o pai está morto, a mãe está distante); mas se assiste de início à intrusão de um termo, depois de um outro, que funcionam como duplas policiais; depois à sua triangulação por um terceiro termo, o chefe de brigada. E se constatam as metamorfoses desse triângulo não familiar que se torna a cada vez triângulo burocrático dos empregados do banco, triângulo locatário dos vizinhos *voyeurs*, triângulo erótico da senhorita Bürstner e de seus amigos em uma foto.

Essas descrições complicadas demais que fazemos, esses casos que distinguimos, têm apenas um objetivo: mostrar que, tanto do lado das duplas quanto dos triângulos, e em suas remissões e penetrações mútuas, alguma coisa permanece bloqueada. Por que dois ou três, e não mais? Por que dois remete a três, e o inverso? Como impedir que um outro termo eventual, tal como a irmã na Metamorfose, não se faça, por sua vez, dobrar e triangular? Fracasso das cartas a esse respeito, malgrado a tentativa de Kafka de introduzir Grete Bloch e sair da relação dual. Fracasso das novelas animalescas a esse respeito, malgrado a tentativa de Gregor de sair da triangulação. [100]

É um dos principais problemas resolvidos pelos romances ilimitados: as duplas e os triângulos que subsistem nos romances de Kafka só estão lá no começo; e desde o começo eles são tão vacilantes, tão flexíveis e transformáveis, que estão totalmente prontos a se abrir em séries que quebram sua forma, de tanto fazer estourar os termos delas. Justo o contrário da Metamorfose, em que a irmã como o irmão se encontravam bloqueados por um retorno triunfante da triangulação familiar a mais exclusiva. A questão não é de saber se a Metamorfose é uma obra-prima. Evidentemente, mas isso não ajuda Kafka, já que ela conta também o que lhe impede, acredita ele, de fazer um romance: ele não teria suportado fazer um romance familiarista ou conjugal, uma Saga dos Kafka, nem Núpcias no campo. Ora, já em América ele tinha pressentido sua solução das séries proliferantes; no Processo, depois no Castelo, ele a possui plenamente. Mas, a partir daí, nenhuma razão para que o romance termine. (A não ser fazer como Balzac, como Flaubert ou como Dickens: mas por mais que ele os admire, ele não quer nada disso tampouco. Não quer uma genealogia, mesmo social, à moda de Balzac; não quer uma torre de marfim à moda de Flaubert; não quer "blocos" à moda de Dickens, pois ele mesmo tem uma outra concepção do bloco. O único que ele tomará como mestre é Kleist, e Kleist também detestava os mestres; mas Kleist é ainda outra coisa, mesmo na influência profunda que ele tem sobre Kafka. Seria preciso falar disso alhures e de outra maneira. A questão de Kleist não é: "O que é uma literatura menor e, a partir daí, política e coletiva?" mas "o que é uma literatura de guerra?". Ela não é sem relação com a de Kafka, mas não é a mesma).

[101] Fazendo transformar os triângulos ao ilimitado, fazendo proliferar os duplos ao indefinido, Kafka abre para si um campo de imanência que vai funcionar como uma desmontagem, uma análise, um prognóstico das forças e das correntes sociais, das potências que, à sua época, ainda não fazem mais que bater à porta (a literatura só tem sentido se a máquina de expressão precede e arrasta os conteúdos). E, em certo nível, não há nem necessidade mais de passar pelas duplas e triângulos, mas um personagem de base se põe a proliferar diretamente: assim Klamm, ou, com mais forte razão, K. Eis que os termos tendem a se distribuir sobre uma linha de fuga, a escoar sobre essa linha, e segundo segmentos contíguos: segmento policial, segmento dos advogados, segmento dos juízes, segmento eclesiástico. Ao mesmo tempo que eles perdem sua forma dual ou triangular, esses termos não se apresentam mais

exatamente, ou não se apresentam mais somente, como *representantes hierarquizados* da lei, mas se tornam *agentes, engrenagens conexas* de um agenciamento de justiça, cada engrenagem correspondendo a uma posição de desejo, todas as engrenagens e todas as posições se comunicando por continuidades sucessivas. Exemplar, a este respeito, a cena do "primeiro interrogatório", em que o tribunal vai perder sua forma triangular, com o juiz no topo e os lados que dele partem como um lado direito e um lado esquerdo, para se alinhar sobre uma mesma linha contínua que não "reúne" somente os dois *partidos*, mas que se prolonga fazendo avizinhar-se "inspetores venais, chefes de brigada e juízes de instrução estúpidos, e ainda juízes de alto escalão com sua indispensável e numerosa sequência de valetes, escribas, guardas e outros auxiliares, talvez mesmo carrascos".[4] E, depois desse primeiro interrogatório, a contiguidade dos escritórios substituirá cada vez mais [102] a hierarquia dos triângulos. Todos os funcionários são "venais", "vendidos". Tudo é desejo, toda a linha é desejo, tanto naqueles que dispõem de um poder e reprimem, quanto nos acusados que sofrem o poder e a repressão (cf. o acusado Block: "Não era mais um cliente era o cão do advogado"[5]). Seria errado evidentemente compreender aqui o desejo como um desejo *de* poder, um desejo de reprimir ou mesmo de ser reprimido, um desejo sádico e um desejo masoquista. A ideia de Kafka não está aí. Não há um desejo de poder, é o poder que é desejo. Não um desejo-falta, mas desejo como plenitude, exercício e funcionamento: até nos seus oficiais mais subalternos. Sendo um agenciamento, o desejo faz-se estritamente um com as engrenagens e as peças da máquina, com o poder da máquina. E o desejo que qualquer um tem pelo poder é somente sua fascinação diante dessas engrenagens, sua vontade de fazer funcionar certas engrenagens dessas, de ser ele mesmo

---

[4] "[...] guardas corrompíveis, inspetores e juízes de instrução pueris, no melhor dos casos simplórios, mas que, além disso, de qualquer modo, sustenta uma magistratura de grau elevado e superior, com o seu séquito inumerável e inevitável de contínuos, escriturários, *gendarmes* e outros auxiliares, talvez até de carrascos [...]" (KAFKA, 1997, p. 61). (N.T.)

[5] KAFKA, 1997, p. 238. (N.T.)

PROLIFERAÇÃO DAS SÉRIES 103

uma dessas engrenagens – ou, na falta de coisa melhor, por ser material tratado por essas engrenagens, material que é ainda uma engrenagem à sua maneira.

Se não sou escritor à máquina, que eu seja ao menos o papel sobre o qual a máquina bate. Se não sou mais o mecânico da máquina, que eu seja ao menos a matéria viva que ela toma e que ela trata: talvez um lugar mais essencial, mais próximo ainda das engrenagens que o do mecânico (assim, o oficial subalterno da *Colônia*, ou os acusados do processo). A questão é, portanto, muito mais complicada do que a dos dois desejos abstratos, desejo de reprimir e desejo de ser reprimido, que se colocariam abstratamente, um como sádico, o outro como masoquista. A repressão, tanto do lado do repressor quanto do reprimido decorre de tal ou qual agenciamento do poder-desejo, de tal estado da máquina – já que é preciso tanto mecânicos quanto matérias, em um estranho consórcio, em uma *conexão* mais que em uma hierarquia. A repressão depende da máquina, e não o inverso. Não há, portanto, "o" poder, como uma transcendência infinita em relação aos escravos ou aos acusados. O poder não é piramidal, como a Lei gostaria de nos fazer acreditar, ele é segmentário e linear, procede por contiguidade e não por altura e distância (de onde a importância dos subalternos).[6] Cada segmento é poder, *um* poder, ao mesmo tempo em que uma figura do desejo. Cada segmento é uma máquina, ou uma peça de máquina, mas a máquina não é desmontada sem que cada uma de suas peças contíguas faça máquina por seu turno, tomando cada vez mais lugar. Seja o exemplo da burocracia, já que ele fascina Kafka, já que o próprio Kafka é burocrata do porvir, nos Seguros (e Felice se ocupa de máquinas de falar: encontro segmentário entre duas peças). Não há

[103]

---

[6] [3] Michel Foucault faz uma análise do poder que renova hoje em dia todos os problemas econômicos e políticos. Com outros meios, essa análise não deixa de ter uma ressonância kafkiana. Foucault insiste na segmentaridade do poder, sua contiguidade, sua imanência no campo social (o que não quer dizer interioridade em uma alma ou um sujeito à maneira de um supereu). Ele mostra que o poder não procede de modo algum pela alternativa clássica, violência ou ideologia, persuasão ou coação. Cf. *Vigiar e punir*: o campo de imanência e de multiplicidade do poder nas sociedades "disciplinares".

um desejo *de* burocracia, para reprimir ou ser reprimido. Há um segmento burocrático, com seu poder, seu pessoal, seus clientes, suas máquinas. Ou ainda toda sorte de segmentos, de escritórios contíguos, como na experiência de Barnabé. Todos engrenagens, na realidade, iguais, malgrado as aparências, e que constituem a burocracia como desejo, quer dizer, como exercício do próprio agenciamento. A repartição dos opressores e dos oprimidos, dos [104] repressores e dos reprimidos, decorre de cada estado da máquina, e não o inverso. É uma consequência secundária; o segredo do processo é que K é ele mesmo também um advogado, ele mesmo também um juiz. A burocracia é desejo: não desejo abstrato, mas desejo determinado em tal segmento, por tal estado de máquina, em tal momento (por exemplo, a monarquia segmentária dos Habsburgo). A burocracia como desejo se unifica com o funcionamento de um certo número de engrenagens, o exercício de um certo número de poderes que determinam, em função da composição do campo social sobre o qual eles têm alcance, seus mecânicos tanto quanto seus mecanizados.

Milena dizia de Kafka: "Para ele a vida é uma coisa absolutamente diferente do que ela representa para os outros. O dinheiro, a Bolsa, as divisas, *uma máquina de escrever*, outras tantas coisas místicas para ele, [...] outros tantos enigmas apaixonantes, e que ele admira com uma emocionante ingenuidade porque é comercial".[7] Ingenuidade? Kafka não tem qualquer admiração por uma simples máquina técnica, mas sabe bem que as máquinas técnicas são somente índices para um agenciamento mais complexo, que faz coexistir maquinistas, peças, matérias e pessoal maquinados, carrascos e vítimas, potentes e impotentes, em um mesmo conjunto coletivo – ó Desejo, escoando por si mesmo, e, contudo, perfeitamente determinado a cada vez. Há bem nesse sentido um Eros burocrático, que é um segmento de poder e uma posição de desejo. E também um Eros capitalista. E também um Eros fascista. Todos os segmentos se comunicam segundo contiguidades variáveis. América capitalista, Rússia burocrática, Alemanha nazi – na verdade, todas "as potências diabólicas do [105]

---

[7] [4] Citado por WAGENBACH, *Franz Kafka, Années de jeunesse* [*Franz Kafka, Anos de juventude*], p. 169.

porvir", as que batem à porta no momento de Kafka, por golpes segmentários e contíguos. Desejo: máquinas que se desmontam em engrenagens, engrenagens que fazem máquina por seu turno. Flexibilidade dos segmentos, deslocamentos das barreiras. O desejo é fundamentalmente polívoco, e sua polivocidade faz dele um só e mesmo desejo que banha tudo. As mulheres equívocas do Processo não cessam de fazer gozar, e do mesmo gozo, os juízes, os advogados, os acusados. E o grito de Franz, o policial punido por seus furtos, o grito que K surpreende em um quartinho contíguo ao corredor de seu escritório, no banco, parece bem "provir de uma máquina de sofrer", mas é também um grito de prazer, de modo algum em um sentido masoquista, mas porque a máquina de sofrer é uma peça de uma máquina burocrática que não cessa de gozar por si mesma.

Não há tampouco um desejo revolucionário que se oporia ao poder, às máquinas de poder. Vimos a ausência deliberada de crítica social em Kafka. Em *América*, as condições de trabalho as mais duras não suscitam a crítica de K, mas tornam ainda mais forte seu medo de ser excluído do hotel. Familiar aos movimentos socialistas e anarquistas tchecos, Kafka não emprega sua via. Cruzando um cortejo de operários, Kafka mostra a mesma indiferença que K em *América*: "Essas pessoas são mestres do mundo; e, contudo, eles se enganam. Atrás deles se antecipam já os secretários, os burocratas, os políticos profissionais, todos esses sultões modernos cujo acesso ao poder eles preparam." É que a revolução russa parece a Kafka produção de um novo segmento, mais do que agitação e renovação. A expansão da revolução russa é um avanço, um empurrão segmentário, crescimento que não se faz sem violenta fumaça. "A fumaça se evapora, só resta então o vaso de uma nova burocracia; as cadeias da humanidade torturada estão em papel de ministério." Da burocracia dos Habsburgo à nova burocracia soviética, não é questão de negar a mudança, é uma nova engrenagem para a máquina, ou, antes, é uma engrenagem que faz nova a máquina por seu turno. "As Previdências sociais nasceram do movimento operário, o espírito luminoso do progresso deveria, portanto, habitá-las. Ora, que vemos nós? Essa instituição não é mais que um sombrio ninho de burocratas, dentre os quais eu funciono na qualidade de judeu único e representativo".[8] Kafka não se toma evidentemente por um partido. Nem mesmo se pretende revolucionário, quaisquer que sejam suas amizades socialistas. Sabe que todos os liames o atam a uma máquina literária de expressão da qual ele é, a um só tempo, as engrenagens, o mecânico, o funcionário e a vítima. Então, como procede ele nessa máquina celibatária que não passa e não pode passar pela crítica social? Como faz ele a revolução? Ele fará como para a língua alemã, tal como ela é na Tchecoslováquia: já que é uma língua desterritorializada, sob vários aspectos, ir-se-á ainda mais longe na desterritorialização, não por força de sobrecargas, de retornos, de espessamentos, mas por força de uma sobriedade que faz escorrer a linguagem sobre uma linha reta, avança e precipita suas segmentações. A expressão deve arrastar o conteúdo, é preciso fazer a mesma coisa para o conteúdo. A proliferação das séries tal como ela aparece no Processo desempenha esse papel. Já que a história do mundo é feita, não de um eterno retorno, mas do crescimento de segmentos sempre novos e cada [107] vez mais duros, acelerar-se-á essa velocidade de segmentaridade, essa velocidade de produção segmentária, precipitar-se-ão as séries segmentarizadas, ajuntar-se-ão mais delas. Já que as máquinas coletivas e sociais operam uma desterritorialização massiva do homem, ir-se-á ainda mais longe nessa via, até uma desterritorialização molecular absoluta. A crítica é, de fato, inútil. É muito mais importante esposar o movimento virtual, que é já real sem ser atual (os conformistas, os burocratas, não cessam de parar o movimento em tal ou qual ponto). Não se trata de modo algum de uma política do pior, ainda menos de uma caricatura literária, ainda menos de uma ficção científica.

Esse método de aceleração ou de proliferação segmentária conjuga o finito, o contíguo, o contínuo e o ilimitado. Ele tem muitas vantagens. A América está se endurecendo e precipitando seu capitalismo, a decomposição do império austríaco e a ascensão da Alemanha preparam o fascismo, a revolução russa

---

[8] [5] JANOUCH, G., p. 165. E para as citações precedentes, p. 108 (Janouch conta como Kafka um dia, sob o pórtico da Previdência Social, baixou a cabeça, simulou tremer e "se persignou com um grande sinal da cruz católico").

produz com grande velocidade uma nova burocracia inaudita, novo processo judicial no processo, "o antissemitismo atinge a classe operária", etc. Desejo capitalista, desejo fascista, desejo burocrático, Tânatos também, tudo está lá batendo à porta. Já que não se pode contar com a revolução oficial para romper o encadeamento precipitado dos segmentos, contar-se-á com uma máquina literária que adianta sua precipitação, que ultrapassa as "potências diabólicas" antes que elas estejam todas constituídas, Americanismo, Fascismo, Burocracia: como dizia Kafka, ser menos um espelho que *um relógio que adianta*.[9] Já que não se pode fazer a partilha exata entre os opressores e os oprimidos, nem mesmo entre as espécies de desejo, é preciso arrastá-los todos para um futuro possível demais, esperando que esse encadeamento depreenderá *também* linhas de fuga ou de parada, mesmo modestas, mesmo trêmulas, mesmo e, sobretudo, assignificantes. Um pouco como o animal só pode esposar o movimento que lhe atinge, levá-lo ainda mais longe, para melhor voltar sobre você, contra você, e achar uma saída.

[108]

Mas, justamente, passamos para um elemento totalmente outro em relação ao devir-animal. É verdade que o devir-animal cavava já uma saída, mas ele era incapaz de se abismar nela. É verdade que ele operava já uma desterritorialização absoluta: mas por lentidão extrema, e somente em um de seus polos. Ele se fazia, portanto, recapturar, reterritorializar, retriangular. O devir-animal permanecia um caso de família. Com o crescimento das séries ou dos segmentos, assistimos totalmente a outra coisa, muito mais estranha ainda. O movimento de desterritorialização do homem, próprio às grandes máquinas, e que atravessa tanto o socialismo quanto o capitalismo, vai se fazer a toda velocidade ao longo das séries. A partir daí, o desejo estará em dois estados coexistentes: de uma parte, será tomado em tal segmento, tal escritório, tal máquina ou tal estado de máquina, será atado a tal forma de conteúdo, cristalizado em tal forma de expressão (desejo capitalista, desejo fascista, desejo burocrático, etc.). *De outra parte e ao mesmo tempo*, ele escoará por toda a linha, arrastado por uma expressão liberada, arrastando conteúdos deformados, atingindo

---

[9] [6] JANOUCH, G., p. 138.

o ilimitado do campo de imanência ou de justiça, achando uma saída, precisamente uma saída, na descoberta de que as máquinas eram somente concreções do desejo historicamente determinadas, e o desejo não cessa de desfazê-las, e de reerguer sua cabeça curvada (luta contra o capitalismo, o fascismo, a burocracia, luta muito mais intensa do que se Kafka se entregasse a uma "crítica"). Esses dois estados coexistentes do desejo são os dois estados da lei: de uma parte a *Lei transcendente paranoica* que não cessa de [109] agitar um segmento finito, de fazer dele um objeto completo, de cristalizar aqui e ali; de outra parte a *lei esquiza imanente*, que funciona como uma justiça, uma antilei, um "procedimento" que vai desmontar a Lei paranoica em todos os seus agenciamentos. Pois, mais uma vez, é a mesma coisa, a descoberta dos agenciamentos de imanência, e sua desmontagem. Desmontar um agenciamento maquínico é criar e tomar efetivamente uma linha de fuga que o devir-animal não podia tomar nem mesmo criar: é uma linha totalmente outra. Toda uma outra desterritorialização. Que não se diga que essa linha só está presente em espírito. Como se escrever não fosse uma máquina também, como se ela não fosse um ato, mesmo independentemente de sua publicação. Como se a máquina de escrita não fosse uma máquina também (não mais superestrutura que uma outra, não mais ideologia que qualquer outra), ora presa nas máquinas capitalistas, burocráticas ou fascistas, ora traçando uma linha revolucionária modesta. Lembremo-nos com efeito da ideia constante de Kafka: mesmo com um mecânico solitário, a máquina literária de expressão é capaz de adiantar e precipitar os conteúdos em condições que, bom grado ou malgrado, concernirão uma coletividade inteira. Antilirismo: "Agarrar o mundo" para fazê-lo fugir, em lugar de fugir a ele próprio, ou de acariciá-lo.[10]

Esses dois estados do desejo ou da lei, podemos reencontrá-los em vários níveis menores. É preciso insistir sobre esses dois estados coexistentes. Pois justamente não se pode dizer de antemão:

---

[10] [7] JANOUCH, G., p. 37: "O senhor fala bem mais das impressões que as coisas despertam no senhor do que dos próprios acontecimentos e objetos. Isso aí é lirismo. O senhor acaricia o mundo ao invés de agarrá-lo".

aqui está um mau desejo, ali, um bom. O desejo é uma tal sopa, uma tal papa segmentária, que os pedaços burocráticos, fascistas, etc., estão ainda ou já na agitação revolucionária. É somente no movimento que se pode distinguir o "diabolismo" do desejo de sua "inocência", já que um está no mais profundo do outro. Nada preexiste. É pela potência de sua não crítica que Kafka é tão perigoso. Pode-se somente dizer que há dois movimentos coexistentes, presos um ao outro: um que capta o desejo nos grandes agenciamentos diabólicos, arrastando quase no mesmo passo os servos e as vítimas, os chefes e os subalternos, e só operando uma desterritorialização massiva do homem ao reterritorializá-lo também, nem que seja em um escritório, em uma prisão, em um cemitério (a lei paranoica). O outro movimento que faz escoar o desejo através de todos os agenciamentos encosta em todos os segmentos sem se deixar prender em nenhum e leva sempre mais longe a inocência de uma potência de desterritorialização que se unifica com a saída (a lei-esquiza). É por isso que os "heróis" de Kafka têm uma posição tão curiosa em relação às grandes máquinas e aos agenciamentos, posição que os distingue dos outros personagens: enquanto o oficial da *Colônia* estava na máquina, a título de mecânico, depois de vítima, enquanto tantos personagens dos romances pertencem a tal estado de máquina, fora do qual eles perdem toda existência, parece, ao contrário, que K, e um certo número de outras pessoas que o duplicam, estejam sempre em uma espécie de adjacência à máquina, sempre em contato com tal ou qual segmento, mas também sempre empurrados, sempre mantidos de fora, rápidos demais em um sentido para serem "pegos". Assim, K no Castelo: seu desejo extremo pelo castelo segmentário, tanto é verdadeiro que o desejo não tem critério preexistente, o que não impede sua posição extrínseca que o faz escoar por toda uma linha de adjacência. A adjacência, tal é a lei-esquiza. Da mesma maneira, Barnabé, o mensageiro, um dos duplos de K no Castelo, só é mensageiro a título pessoal, e deve ser particularmente rápido para obter uma mensagem, ao mesmo tempo em que esta rapidez mesma o exclui do serviço oficial e do pesadume segmentário. Da mesma maneira, o Estudante, um dos duplos de K no Processo, não cessa de antecipar o oficial de justiça, e carrega a mulher do oficial de justiça enquanto o oficial de justiça leva uma mensagem ("Eu volto em toda velocidade, mas o estudante fez ainda mais rápido que eu"[11]). Essa coexistência dos dois estados de movimento, dois estados de desejo, dois estados de lei, não significa qualquer hesitação, mas bem antes a experimentação imanente que irá decantar os elementos polívocos do desejo, na ausência de todo critério transcendente. O "contato", o "contíguo", está ele mesmo em uma linha de fuga ativa e contínua.

Essa coexistência de estados aparece nitidamente no fragmento do Processo publicado sob o título de Um sonho: de uma parte, um movimento rápido e alegre de deslizamento ou de desterritorialização, que toma tudo em adjacência e se acaba na emissão de livres figuras no ar, no momento mesmo em que o sonhador, no entanto, cai em um abismo ("Havia aleias complicadas que serpenteavam da maneira a mais incômoda, mas ele deslizou sobre uma delas como sobre uma corrente rápida, com um equilíbrio perfeito"); de outra parte, essas aleias, esses segmentos rápidos também, mas que operam golpe a golpe reterritorializações mortuárias do sonhador (o montículo ao longe – subitamente, próximo – os coveiros – subitamente, o artista – a escrita do artista sobre a tumba – o sonhador que cava o buraco na terra – sua queda). Sem dúvida esse texto esclarece o falso fim do Processo, essa reterritorialização mortuária de K sobre um segmento duro, uma "pedra arrancada".[12]

Esses dois estados do movimento, do desejo ou da lei se reencontram ainda no caso do qual tínhamos partido: as fotos e as cabeças curvadas. Pois a foto como forma de expressão funcionava bem a título de realidade edipiana, lembrança de infância ou promessa de conjugalidade; ela capturava o desejo em um agenciamento que o neutralizava, reterritorializava-o e o cortava de todas as suas conexões. Ela marcava o fracasso da metamorfose. Também a forma de conteúdo que lhe correspondia era a cabeça curvada como índice de submissão, gesto daquele que é julgado

[112]

---

[11] KAFKA, 1997, p. 79. (N.T.)
[12] "pedra solta" (KAFKA, 1997, p. 277). (N.T.)

ou mesmo daquele que julga. Mas no Processo se assiste a uma potência proliferadora da foto, do retrato, da imagem. A proliferação começa desde o começo, com as fotos no quarto da senhorita Bürstner, que têm elas mesmas o poder de metamorfosear os que as olham (no Castelo, são antes aqueles que estão na foto ou no retrato que tomam o poder de se metamorfosear). Das fotos da senhorita Bürstner passa-se às imagens obscenas no livro do juiz, depois às fotos de Elsa que K mostra a Leni (como Kafka fizera com as fotos de Weimar em seu primeiro encontro com Felice), depois, à série ilimitada dos quadros de Titorelli, dos quais se poderia dizer, à maneira de Borges, que compreendem tanto mais diferenças quanto mais são absolutamente idênticos.[13] Em suma, o retrato ou a foto que marcava uma espécie de territorialidade artificial do desejo se torna agora um centro de oscilação das situações e das pessoas, um conector que precipita o movimento de desterritorialização. Expressão liberada de sua forma constritora, e que induz a uma semelhante liberação dos conteúdos: com efeito, a submissão da [113] cabeça curvada se conjuga com o movimento da cabeça que se reergue, ou que escoa — desde os juízes mesmos cujas costas curvadas contra o teto tendem a enviar a Lei aos porões, até o artista de Um sonho que "não se abaixa, mas se curva para a frente" para não andar sobre o *montículo*. A proliferação das fotos e das cabeças abre séries novas e prospectam domínios até então inexplorados que se estendem tanto quanto o campo de imanência ilimitado.

---

[13] [8] Do mesmo modo, no *Castelo*, Barnabé, comparando "os diversos retratos de Klamm" e suas supostas aparições, vê neles tantas diferenças tanto mais desconcertantes quanto mais elas são absolutamente mínimas e inassináveis.

CAPÍTULO 7 [115]

Os conectores

Mulheres e artistas. – Antiestetismo da arte

Certas séries se compõem de termos especiais. Esses termos mesmos são distribuídos nas séries ordinárias, no fim de uma ou no início de uma outra, e marcam assim a maneira pela qual elas se encadeiam, transformam-se ou proliferam, a maneira pela qual um segmento se junta a um outro ou nasce de um outro. Essas séries especiais são, portanto, feitas de termos notáveis que desempenham o papel de conectores, porque eles aumentam a cada vez as conexões do desejo no campo de imanência. Assim, o tipo da jovem mulher que obceca Kafka, e que K reencontra tanto no Castelo quanto no Processo. Parece que essas jovens mulheres estejam atadas a tal ou qual segmento: Elsa, a namorada de K antes da prisão, é tão ligada ao segmento bancário que ela não sabe nada do processo e que o próprio K, indo encontrá-la, não pensa mais nesse processo e só tem em mente o banco; a lavadeira é ligada ao segmento dos funcionários subalternos, do oficial de justiça ao juiz de instrução; Leni, ao segmento dos advogados. No Castelo, Frieda, ao segmento das secretárias e funcionários, Olga, ao dos domésticos. Mas o papel notável que essas jovens mulheres têm, cada uma na sua série respectiva, faz que elas todas juntas constituam uma série extraordinária, proliferando por sua conta, e que atravessa e percute em todos os segmentos. Não somente cada uma está na articulação de [116] vários segmentos (assim Leni que acaricia ao mesmo tempo o advogado, o acusado Block e K), mas há mais: cada uma, de seu ponto de vista em tal ou qual segmento, está em contato, em ligação, em contiguidade com o essencial: quer dizer, com o *Castelo*, com o *Processo* como potências ilimitadas do contínuo. (Olga diz: "Não é somente pelos domésticos que estou em ligação com o castelo, mas também por meus próprios esforços. [...] Se se vê as coisas por este ângulo, talvez se me perdoará por aceitar dinheiro dos criados e por empregá-lo para nossa família"[1]). Cada uma dessas jovens mulheres pode, então, propor ajuda a K. No desejo que as anima, como no desejo que elas suscitam, *elas atestam no mais alto grau a identidade da Justiça, do Desejo e da jovem mulher ou jovem moça.* A jovem mulher é semelhante à justiça, sem princípios, Acaso, "ela te prende quando você vem e te deixa quando você vai embora". E um provérbio corre na aldeia do *Castelo*: "As decisões da administração são tímidas como moças".[2] K dirá a Jeremias que corre em direção ao hotel dos funcionários: "se é o desejo de Frieda que te fisga tão bruscamente, eu não o experimento menos que você, nós iremos, portanto, no mesmo passo."[3] K pode ser denunciado, ora como lúbrico, ora como cúpido ou interessado, e é a identidade de Justiça nela mesma. Não se pode melhor dizer que os investimentos sociais são eles mesmos eróticos, e inversamente, que o desejo o mais erótico opera todo um investimento político e social, persegue todo um campo social. E o papel da moça ou da jovem mulher culmina quando ela rompe um segmento, o faz escoar, faz fugir o campo social do qual ela participa, o faz fugir sobre a linha ilimitada, na direção ilimitada do desejo. Pela porta do tribunal em que o [117] estudante a está violando, a lavadeira faz tudo fugir, K, o juiz, os auditores, toda a seção mesma. Leni faz fugir K do cômodo em que o tio, o advogado e o chefe do escritório falavam, mas ele só foge carregando em contrapartida ainda seu processo.

---

[1] KAFKA, 2000, p. 330. (N.T.)

[2] KAFKA, 2000, p. 261. (N.T.)

[3] "É a saudade de Frieda que repentinamente o assaltou? A minha não é menor e por isso vamos no mesmo passo" (KAFKA, 2000, p. 352). (N.T.)

É quase sempre uma jovem mulher que encontra a porta de serviço, ou seja, que revela a contiguidade do que se acreditava distante, e restaura ou instaura a potência do contínuo. O padre do Processo reprova K por isso: "Você procura demais a ajuda dos outros, e sobretudo a das mulheres".[4] Qual é, então, esse tipo de jovem mulher, de olhos negros e tristes? Elas têm o pescoço nu, descoberto. Elas vos chamam, estreitam-se contra vós, sentam-se em vosso colo, tomam-vos pela mão, acariciam-vos e se fazem acariciar, beijam-vos e vos marcam com seus dentes, ou, inversamente, fazem-se marcar, elas vos violam e se deixam violar, por vezes vos sufocam, e mesmo batem em vós, são tirânicas, mas vos deixam partir ou mesmo vos fazem partir, e vos expulsam, enviando-vos sempre alhures. Leni tem dedos reunidos por uma membrana como um resto de devir-animal. Mas elas apresentam uma mistura mais específica: são em parte irmãs, em parte empregadas, em parte putas. São anticonjugais e antifamiliares. Já nas novelas: a irmã da Metamorfose, tornada pequena empregada de loja, faz-se empregada doméstica de Gregor-inseto, impede o pai e a mãe de virem ao quarto, e só se volta contra Gregor quando este mostrou apego demais pelo retrato da dama com peles (somente então ela se deixa retomar pela família, ao mesmo tempo em que decide a morte de Gregor). Na Descrição de um combate é de uma empregada doméstica, Annette, que tudo parte. Em um Médico rural, o palafreneiro se precipita sobre Rosa, a pequena empregada, como o estudante do processo sobre a lavadeira, e lhe imprime nas bochechas suas [118] "duas fileiras de dentes" – ao passo que uma irmã descobre uma chaga mortal no flanco de seu irmão. Mas se assiste ao desenvolvimento dessas jovens mulheres nos romances. Em *América*, é uma empregada doméstica que viola K, e que acarreta seu exílio como primeira desterritorialização (há uma cena de sufocamento bastante análoga ao sufocamento do narrador em Proust beijando Albertine). Depois, é uma espécie de irmã coquete, ambígua e

---

[4] "– Você procura demais a ajuda de estranhos – disse o sacerdote, em tom de desaprovação. – Principalmente entre as mulheres" (KAFKA, 1997, p. 259). (N.T.)

tirânica, que aplica em K golpes de judô, e se acha no centro da ruptura com o tio, segunda desterritorialização do herói (no Castelo, é Frieda mesma que fará diretamente a ruptura, invocando uma infidelidade maior de K, não por simples ciúme, mas por julgamento da lei, porque K preferiu confiar nos "contatos" de Olga, ou seguir o segmento de Olga). O Processo e o Castelo multiplicam essas mulheres que reúnem sob diversos aspectos as qualidades de irmã, de empregada doméstica e de puta. Olga, a prostituta dos domésticos do castelo, etc. Qualidades menores de personagens menores, no projeto de uma literatura que se quer deliberadamente menor, e tira disso sua força de perturbação.

As três qualidades respondem a três componentes da linha de fuga, como a três graus de liberdade, liberdade de movimento, liberdade de enunciado, liberdade de desejo. 1º) *As irmãs*: são elas que, pertencendo à família, têm mais veleidades de fazer fugir a máquina familiar. "Aconteceu-me muito frequentemente com minhas irmãs de ser um homem absolutamente diferente do que sou em presença de outras pessoas, era sobretudo assim antes. Eu era intrépido, descoberto, potente, surpreendente, emocionado como não sou habitualmente a não ser *na criação literária*".[5] (Kafka sempre definiu a criação literária como a de um mundo desértico, cujas populações são suas irmãs e onde ele goza de uma infinita liberdade de movimento). 2º) *As empregadas domésticas, as pequenas empregadas*, etc.: são elas que, já presas em uma máquina burocrática, têm mais veleidades de fazê-la fugir. A linguagem das empregadas não é nem significante, nem musical, ela é esse som nascido do silêncio, que Kafka procura por toda parte, e em que o enunciado já faz parte de um agenciamento coletivo, de uma queixa coletiva, sem sujeito de enunciação que se esconda ou que deforme. Pura matéria movente de expressão. Donde sua qualidade de personagens menores tanto mais dóceis à criação literária: "Esses personagens silenciosos e subordinados fazem tudo o que se supõe que eles farão. [...] Se imagino que ele me observa com um olho insolente, bem, é realmente o que ele

[119]

---

[5] [1] *Journal* [*Diário*], p. 281.

faz".[6] 3º) *As putas*: talvez elas estejam para Kafka no cruzamento de todas as máquinas, familiar, conjugal, burocrática, que elas fazem fugir tanto mais. O sufocamento ou a asma erótica que elas dão não vem somente de suas pressões e de seu peso, que não insistem por muito tempo, mas de que a gente se afunda com elas em uma linha de desterritorialização, "no estrangeiro, em um país onde o ar mesmo não tinha nada dos elementos do ar natal, onde a gente deveria sufocar de exílio e onde não se podia mais nada fazer, em meio a insanas seduções, a não ser continuar a andar, continuar a se perder".[7] – Mas nenhum desses elementos vale por si mesmo, é preciso os três de uma vez, na mesma pessoa, se possível, para formar a estranha combinação com a qual Kafka sonha. Tomá-la por uma empregada, mas outro tanto por uma irmã, e também por uma puta.[8]

Essa fórmula combinada, que só vale pelo seu conjunto, [120] é a do incesto-esquizo. A psicanálise, porque não entende nada, sempre confundiu duas sortes de incesto: a irmã é apresentada como um substituto da mãe, a empregada como um derivado, a puta como uma formação reativa. O grupo "irmã-doméstica-puta" será no máximo interpretado como uma guinada masoquista, mas, como a psicanálise não compreende nada tampouco do masoquismo, não há do que se inquietar.

---

[6] [2] *Journal* [*Diário*], p. 379.

[7] [3] *Le château* [*O castelo*], p. 47 (cena com Frieda). ["(…) numa terra estranha como ninguém antes dele, uma terra estranha na qual até o ar não tinha nada de familiar e em cujas tentações sem sentido não era possível fazer nada a não ser seguir em frente e continuar se perdendo" (KAKFA, 2000, p. 69. (N.T)].

[8] [4] A luta de classes atravessava já a família e a loja de Kafka, no nível das empregadas domésticas e dos empregados. É um dos temas principais da *Carta ao pai*. Uma das irmãs de Kafka se ouvia reprovar seu gosto pelas domésticas e a vida do campo. A primeira vez em que Kafka vê Felice, ela tem "o pescoço descoberto", "o rosto insignificante", "nariz quase quebrado", grandes dentes: ele a toma por uma doméstica (*Journal* [*Diário*], p. 254). Mas também por uma irmã, e uma puta. Ela não o é: como Kafka mesmo, ela já é burocrata importante, e terminará diretora. Kafka não tirará disso menos prazeres secretos, em um ajustamento de engrenagens ou de segmentos burocráticos.

OS CONECTORES

119

[Abramos primeiro um parêntese sobre o masoquismo. Kafka não tem nada a ver com o masoquismo tal como descrito nos livros de psicanálise. As observações da psiquiatria no século XIX e no início do século vinte dão ao masoquismo um quadro clínico mais justo. Kafka tem então talvez alguma coisa em comum com a cartografia real do masoquismo, e com Sacher-Masoch mesmo, cujos temas se reencontram em muitos masoquistas, ainda que esses temas sejam apagados nas interpretações modernas. Citamos ao acaso: o pacto com o diabo, "contrato" masoquista que se opõe ao contrato conjugal e o conjura, o gosto e a necessidade por cartas vampirescas (tanto cartas controladas por Masoch, quanto pequenos anúncios colocados nos jornais, Masoch-Drácula), o devir-animal (por exemplo, o devir-urso ou a pele em Masoch, que não tem verdadeiramente nada a ver com o pai ou a mãe, o [121] gosto pelas domésticas e as putas, a realidade angustiante da prisão (que não se explica somente porque o pai de Masoch era diretor de prisão, mas porque Masoch criança via prisioneiros e os frequentava: fazer-se a si mesmo prisioneiro para adquirir o máximo de distância ou o excesso de contiguidade), o investimento histórico (Masoch pensava escrever os ciclos e os segmentos de uma história do mundo, retomando ou concentrando-se a seu modo sobre a longa história das opressões), a intenção política decisiva: Masoch, de origem boêmia, é tão ligado às minorias do império austríaco quanto Kafka, judeu tcheco. Fascinação de Masoch pela situação dos judeus, na Polônia, na Hungria. As empregadas domésticas e as putas passam por essas minorias, se necessário, no interior da família e da conjugalidade. Ele também, Masoch, faz uma literatura menor, que é sua vida mesma, uma literatura política das minorias. Dir-se-á: um masoquista não está forçosamente no império dos Habsburgo, no momento da grande decomposição. Certamente, mas está sempre na situação de fazer em sua própria língua uma literatura menor, e tanto mais política por isso; ele encontra meios de expressão segundo seu gênio, em uma utilização arcaica simbolista e estereotipada da linguagem, ou bem, ao contrário, em uma sobriedade que arranca à língua uma pura queixa e uma provocação. É verdade que o masoquismo não é o único meio. É mesmo um meio fraco. É outro tanto mais interessante comparar os masoquistas e os kafkianos, levando em conta suas diferenças, levando em conta a desigual utilização do nome, mas também levando em conta o encontro de seu projeto respectivo.] O que é esse incesto-esquizo, na fórmula combinada? Ele se opõe de muitas maneiras ao incesto edipiano neurótico. Este se faz, ou se imagina fazer, ou é interpretado como se fazendo com a mãe, que é uma territorialidade, uma reterri- [122] torialização. O incesto-esquizo se faz com a irmã, que não é um substituto da mãe, mas do outro lado da luta de classes, do lado das domésticas e das putas, incesto de desterritorialização. O incesto edipiano responde à lei paranoica transcendente que o interdita, e transgride ele mesmo esta lei, diretamente, se tem o gosto por isso, ou simbolicamente, por falta de melhor: pai demente (Kronos, o mais honesto dos pais, dizia Kafka); mãe abusiva; filho neurótico, antes de se tornar, por seu turno, paranoico, e tudo recomeça no ciclo familiar-conjugal – pois verdadeiramente a transgressão não é nada, simples meio de reprodução. O incesto-esquizo responde ao contrário à lei-esquiza imanente, e forma uma linha de fuga em lugar de uma transgressão (os problemas com a irmã são assim mesmo um pouco melhor que os problemas com a mãe, os esquizofrênicos o sabem). O incesto edipiano está ligado às fotos, aos retratos, às lembranças de infância, falsa infância que não existira jamais, mas que prende o desejo na armadilha da representação, corta-o de todas as suas conexões, rebate-o sobre a mãe para torná-lo ainda mais pueril ou gagá, por persuasão, para fazer pesar sobre ele todos os outros interditos com tanto mais força, e impedi-lo de se reconhecer no campo social e político. O incesto-esquizo é, ao contrário, ligado ao som, à maneira como o som escoa, e pela qual os blocos de infância sem lembrança se introduzem todos vivos no presente para ativá-lo, precipitá-lo, multiplicar suas conexões. Incesto-esquizo com o máximo de conexão, de extensão polívoca, por intermédio das domésticas e as putas, com os lugares que elas ocupam em séries sociais – em oposição ao incesto neurótico, definido por sua supressão de conexões, seu significante único, seu rebatimento sobre a família, sua neutralização de todo campo social político. A [123]

OS CONECTORES

oposição aparece plenamente na Metamorfose, entre a dama do pescoço coberto tal como ela parece na foto como objeto de incesto edipiano, e a irmã do pescoço nu e do violino, como objeto de incesto-esquizo (colar-se à foto ou montar na irmã?). Vê-se bem a função conectiva dessas mulheres, desde o início do Processo em que "uma jovem mulher de olhos negros lavando roupa de criança em uma bacia" designa "com sua mão ensaboada a porta aberta do cômodo vizinho"[9] (mesmo tipo de encadeamento no primeiro capítulo do Castelo). É uma função múltipla. Pois elas marcam o início de uma série ou a abertura de um segmento ao qual elas pertencem; elas marcam também o fim deles, seja que K as abandone, seja que elas abandonem K, porque ele passou alhures, mesmo sem o saber. Elas funcionam, portanto, como um sinal, do qual se aproxima ou se distancia. Mas, sobretudo, cada uma precipitou sua série, seu segmento de castelo ou de processo, erotizando-o; e o segmento seguinte só começa e só termina, e só se precipita sob a ação de uma outra jovem mulher. Potências de desterritorialização, elas não têm menos um território fora do qual elas não prosseguem. Também é preciso se prevenir contra duas falsas interpretações concernindo-as: uma, à maneira de Max Brod, segundo a qual seu caráter erótico seria somente o signo aparente de um paradoxo da fé, do gênero do sacrifício de Abraão; a outra retomada por Wagenbach, que reconhece o caráter realmente erótico, mas para nele ver um fator que atrasa K ou que o desvia de sua tarefa.[10] Se há uma atitude que se assemelha à de Abraão, é, a rigor, a do tio de América operando o brusco sacrifício de K. E sem dúvida essa atitude se torna mais clara no Castelo, em que é Frieda que opera diretamente o mesmo sacrifício, reprovando a K sua "infidelidade". Mas esta infidelidade consiste em que K já passou para outro segmento, aquele marcado por Olga, e cuja vinda Frieda precipita ao mesmo tempo em que precipita

[124]

---

[9] "[...] uma jovem de olhos negros e brilhantes, que naquele momento lavava roupa de criança numa tina e que com a mão molhada apontou para a porta aberta do aposento vizinho" (KAFKA, 1997, p. 51-52). (N.T.)

[10] [5] Cf. BROD, M. *Postface au Château* [*Posfácio ao Castelo*]; WAGENBACH, *Kafka par lui-même* [*Kafka por ele mesmo*], p. 102-103.

o término do seu. As mulheres eróticas não têm, portanto, de modo algum um papel de desvio ou de atraso no processo nem no castelo: elas precipitam a desterritorialização de K, fazendo suceder rapidamente os territórios que cada uma *marca* à sua maneira ("odor de pimenta-do-reino"[11] de Leni, odor da casa de Olga: os restos de devires-animais). Mas o incesto-esquizo não se compreenderia sem um outro elemento ainda, uma espécie de efusão homossexual. E aí ainda, por oposição a uma homossexualidade edipiana, é uma homossexualidade de duplos, de irmãos ou de burocratas. O índice dessa homossexualidade se encontra nas célebres roupas colantes caras a Kafka: Arthur e Jeremias, os duplos do Castelo que enquadram os amores de K e de Frieda. Avançam rapidamente "vestidos de roupas colantes"; os domésticos subalternos têm não uma libré, mas "vestimentas sempre muito colantes que um camponês ou um operário não poderiam usar";[12] o desejo de Barnabé passa por esse desejo intenso por uma calça que cole, e sua irmã Olga lhe fabrica uma dessas. Os dois policiais do começo do Processo, que enquadram as fotos da senhorita Bürstner, têm "uma roupa preta e colante, provida de um cinto e toda sorte de pregas, de bolsos, de laços e de botões que davam a essa vestimenta uma aparência particularmente prática sem que se pudesse, no entanto, compreender para que tudo aquilo poderia servir".[13] E esses dois policiais serão flagelados por um carrasco, "vestido de uma sorte de combinação de couro sombria *muito decotada* que lhe deixava os braços inteiramente nus".[14] São, ainda hoje, as vestimentas dos S.M. americanos, em couro ou borracha, com pregas, laços, tubos, etc. Mas parece que os duplos burocráticos ou fraternais eles mesmos funcionam somente como índices homossexuais. A efusão homossexual tem uma outra finalidade que não é

[125]

---

[11] "[...] um cheiro acre, excitante, como se fosse de pimenta [...]" (KAFKA, 1997, p. 138). (N.T.)

[12] KAFKA, 2000, p. 262. (N.T.)

[13] KAFKA, 1997, p. 9. (N.T.)

[14] KAFKA, 1997, p. 106. (N.T.)

senão preparada por esses índices. Em Recordação da estrada de ferro de Kalda, o narrador está em uma relação de homossexualidade manifesta com o inspetor ("Nós escorregamos juntos sobre a cama de acampamento em um abraço que nos acontecia de não desapertar durante dez horas seguidas"). Mas essa relação só encontra seu verdadeiro fim quando o inspetor é substituído pelo artista. Passagens do Processo sobre Titorelli serão suprimidas por Kafka, em razão mesmo de sua clareza: "K ficava de joelhos diante dele [...], acariciava-lhe as bochechas", e Titorelli arrasta K voando, leves "como um esquife sobre a onda", nos segredos do tribunal; a luz muda de sentido, e vem de frente, "como uma catarata ofuscante".[15] Da mesma maneira, em Um sonho, o artista se desliga de dois duplos burocráticos funerários. Surge de um arbusto, "descrevendo figuras no ar",[16] entrando com K em uma relação de efusão tácita.

O artista, ele também, funciona, então, como um termo notável. A relação homossexual com o artista está ligada à relação incestuosa com as jovens mulheres ou as irmãs mais novas (assim [126] a série das menininhas perversas e voyeuses que observam ou escutam tudo na casa de Titorelli, e se põem a gritar quando K tira seu paletó: "Ele já tirou seu paletó!"[17]). Mas não é de modo algum a mesma relação. Seria preciso mesmo distinguir três elementos ativos: 1°) as séries ordinárias, das quais cada uma corresponde a um segmento determinado da máquina, e cujos termos são constituídos por duplos burocráticos proliferando, com índices homossexuais (por exemplo, a série dos porteiros, a série dos domésticos, a série dos funcionários; cf. a proliferação dos duplos de Klamm no Castelo; 2°) a série notável das jovens mulheres,

---

[15] [6] Um dos modelos do artista, ou de Titorelli, deve ser Oskar Pollak, um dos mais misteriosos amigos de juventude de Kafka. Kafka tivera certamente por ele um grande amor; mas Pollak se desprendeu rápido dele, e morreu jovem em 1915. Ele não era pintor, mas especialista no barroco italiano. Tinha uma notável competência em numerosos domínios que deviam marcar Kafka: a arquitetura, a cartografia das cidades, os livros administrativos e comerciais antigos; cf. Max Brod, Franz Kafka, p. 94-103.

[16] KAFKA, 2000, p. 298-299. (N.T.)

[17] KAFKA, 1997, p. 190. (N.T.)

em que cada uma corresponde a um ponto ele mesmo notável em uma série ordinária, seja na abertura de um segmento, seja em sua terminação, seja em uma quebra interior, sempre com aumento de valência e de conexão, passagem que se precipita em outro segmento (é a função de erotização ou de incesto-esquizo); 3°) a série singular do artista, com homossexualidade manifesta, e potência do contínuo que trasborda todos os segmentos e carrega todas as conexões: enquanto as jovens mulheres asseguravam ou "ajudavam" a desterritorialização de K fazendo-o escoar de segmento em segmento, a luz local vindo sempre de trás, de uma vela ou de um candelabro, o artista assegura a linha de fuga volante e contínua, em que a luz vem de face como uma catarata. Enquanto as jovens mulheres estavam nos principais pontos de conexão das peças da máquina, o artista reúne todos esses pontos, espalha-os em sua máquina específica que recobre o campo de imanência e mesmo o antecipa.

Os pontos de conexão entre séries ou segmentos, os pontos notáveis e os pontos singulares, parecem ser, sob certos aspectos, *impressões estéticas*: são frequentemente qualidades sensíveis, odores, luzes, sons, contatos, ou livres figuras da imaginação, elementos de sonho e de pesadelo. São ligados ao Acaso. Por [127] exemplo, no fragmento o Substituto, três pontos de conexão intervêm: o retrato do rei, o pedaço de frase que o anarquista teria pronunciado ("Ei! Você, aí em cima, ralé!"), a canção popular ("Enquanto a pequena lamparina queima..."). Eles intervêm como tais posto que determinam ligações, fazem proliferar séries e que o substituto nota que eles podem entrar em inúmeras combinações polívocas, formando segmentos mais ou menos próximos, mais ou menos distantes.[18] Contudo, seria um grande erro remeter os pontos de conexão às impressões estéticas que neles subsistem. *Todo o esforço de Kafka vai mesmo no sentido contrário*, e é a fórmula de seu antilirismo, de seu antiestetismo:

---

[18] [7] *Le Substitut* [*O Substituto*]: "Sobre a maneira pela qual a exclamação e a canção estavam ligadas, quase todos os testemunhos tinham uma opinião diferente, o denunciante pretendia mesmo que não era o acusado, mas um outro, que tinha cantado". (*Carnets* [*Cadernetas*], *Oeuvres complètes* [*Obras completas*], *Cercle du livre précieux* [Círculo do livro precioso], t. VII, p. 330 ss.).

OS CONECTORES   125

"Agarrar o mundo" em lugar de extrair impressões dele, trabalhar nos objetos, nas pessoas e nos acontecimentos, colado ao real, e não nas impressões. Matar a metáfora. As impressões estéticas, sensações ou imaginações, existem ainda por elas mesmas nos primeiros ensaios de Kafka, em que se exerce uma certa influência da escola de Praga. Mas toda a evolução de Kafka consiste em apagá-las, em proveito de uma sobriedade, de um hiper-realismo, de um maquinismo que não passam mais por elas. É por isso que as impressões subjetivas são sistematicamente substituídas por pontos de conexão que funcionam objetivamente como outros tantos sinais em uma segmentação, outros tantos pontos notáveis ou singulares em uma constituição de séries. Falar aqui de uma projeção de fantasmas seria duplicar o contrassenso. Esses pontos coincidem com personagens femininas ou personagens artistas, mas todas essas personagens só existem como peças e engrenagens objetivamente determinadas de uma máquina de justiça. O substituto sabe bem que os três elementos só podem encontrar sua ligação, e realizar a ambiguidade de sua ligação, a multivalência de sua ligação em um processo em que ele persegue a instrução perversa. É ele o verdadeiro artista. Um processo, ou como dizia Kleist, um programa de vida, uma disciplina, uma procedura, de modo algum um fantasma. O próprio Titorelli, na singularidade de sua posição, faz ainda parte do campo de justiça.[19] O artista não tem nada a ver com um esteta, e a máquina artista, a máquina de expressão, nada tem a ver com impressões estéticas. Bem mais, na medida em que tais impressões subsistem ainda nas conexões femininas ou artistas, o artista ele mesmo... não passa de um sonho. A fórmula da máquina artista ou da máquina de expressão deve, portanto, ser definida totalmente de outro modo, não somente independentemente de toda intenção estética, mas mesmo para além das personagens femininas e das personagens artistas que intervêm objetivamente nas séries ou em seu limite.

[128]

---

[19] [8] Titorelli "substitui amplamente o advogado em matéria de picuinhas".

Com efeito, esses personagens conectores, com suas conotações de desejo, de incesto e de homossexualidade, recebem seu estatuto objetivo da máquina de expressão e não o inverso: são conteúdos arrastados pela máquina de expressão, e não o inverso. Ninguém melhor que Kafka soube definir a arte ou a expressão sem referência alguma ao que quer que seja de estético. Se procuramos resumir a natureza dessa máquina artista [129] segundo Kafka, devemos dizer: é uma máquina celibatária, a única máquina celibatária, por isso mesmo ligada ainda mais em um campo social de conexões múltiplas.[20] Definição maquínica e não estética. O celibatário é um estado do desejo mais vasto e mais intenso do que o desejo incestuoso e o desejo homossexual. Sem dúvida tem ele seus inconvenientes, suas fraquezas, como suas intensidades baixas: a mediocridade burocrática, a maneira de dar voltas, o medo, a tentação edipiana de sair da vida de eremita ("Ele só pode viver como eremita ou parasita", tentação-Felice), e, pior ainda, o desejo suicida de abolição ("Sua natureza pertence ao suicídio, tem dentes apenas para sua própria carne e carne para seus próprios dentes"). Mas, mesmo através dessas quedas, ele é produção de intensidades ("O celibatário tem apenas o instante"). Ele é o Desterritorializado, o que não tem "centro", nem "grande complexo de posses": "Só tem o solo necessário para seus pés, como ponto de apoio, o que podem cobrir suas duas mãos, portanto, tão menos que o trapezista do music hall, para quem se estendeu ainda uma rede embaixo". Suas viagens não são as do burguês em um transatlântico, "todo envolvido por grandes efeitos", cruzeiro Paquet,[21] mas a viagem-esquizo "sobre alguns pedaços de madeira que se chocam ainda uns nos outros e se fazem escorrer reciprocamente". Sua viagem é uma linha de fuga,

---

[20] [9] Michel Carrouges se serve do termo *Máquinas celibatárias* para designar um certo número de máquinas fantásticas descritas em literatura: dentre elas, a da Colônia penal. Não podemos, contudo, segui-lo em sua interpretação das máquinas de Kafka (notadamente concernindo "a lei"). – As citações seguintes são emprestadas de um projeto de novela de Kafka, sobre o tema do Celibatário; cf. *Journal* [*Diário*], p. 8-14.

[21] Paquet é o nome de uma empresa de cruzeiros marítimos. (N.T.)

como a de uma "biruta na montanha". E sem dúvida essa fuga é no mesmo lugar, em pura intensidade ("Ele se deitou como [130] as crianças que se deitam aqui e ali na neve no inverno, para morrer de frio"). Mas, mesmo no lugar, a fuga não consiste em fugir do mundo, em se refugiar na torre, no fantasma ou na impressão: a fuga pode "sozinha mantê-lo sobre a ponta de seus pés, e *a ponta de seus pés (pode) sozinha mantê-lo no mundo*". Nada de menos esteta que o celibatário em sua mediocridade, mas nada de menos artista. Ele não foge do mundo, ele o agarra, e o faz fugir, sobre uma linha artista e contínua: "Tenho apenas meus passeios a fazer, e é dito que isto deve bastar; em compensação, não existe ainda lugar no mundo em que eu possa fazer meus passeios." Sem família e sem conjugalidade, o celibatário é tanto mais social, social-perigoso, social-traidor, e coletivo em si sozinho ("Não estamos fora da lei, ninguém sabe e, no entanto, cada um nos trata como consequência"). É que eis o segredo do celibatário: sua produção de quantidades intensivas, as mais baixas como as das "sujas cartinhas", e as mais altas como as da obra ilimitada, essa produção de quantidades intensivas. Ele a opera diretamente no corpo social, no próprio campo social. Um só e mesmo processo. O mais alto desejo deseja de uma vez a solidão e estar conectado a todas as máquinas de desejo. Uma máquina tanto mais social e coletiva quanto mais é solitária, celibatária, e que, traçando a linha de fuga, vale necessariamente ela sozinha por uma comunidade cujas condições não estão ainda atualmente dadas: tal é a definição objetiva da máquina de expressão que, nós o vimos, remete ao estado real de uma literatura menor em que não há mais "caso individual". Produção de quantidades intensivas no corpo social, proliferação e precipitação de séries, conexões polivalentes e coletivas induzidas pelo agente celibatário, não há outra definição.

CAPÍTULO 8 [131]

Blocos, séries, intensidades

Os dois estados da arquitetura segundo Kafka. – Os blocos, suas diferentes formas e as composições de romances. – O maneirismo

Tudo o que tínhamos dito sobre o contíguo e o contínuo em Kafka parece contradito, em todo caso, atenuado, pelo papel e importância dos blocos descontínuos. O tema dos blocos é constante em Kafka e parece afetado por uma descontinuidade intransponível. Falou-se muito da escrita despedaçada de Kafka, de seu modo de escrever por fragmentos. A Muralha da China é precisamente a forma de conteúdo que corresponde a esta expressão: mal terminaram um bloco, os operários são enviados muito longe para fazer um outro, deixando por toda parte brechas que não serão talvez jamais preenchidas. Pode-se dizer que essa descontinuidade é própria das novelas? Há uma razão mais profunda. A descontinuidade se impõe tanto mais a Kafka quanto há representação de uma máquina transcendente, abstrata e reificada. É nesse sentido que o infinito, o ilimitado e o descontínuo estão do mesmo lado. Cada vez que o poder se apresenta como uma autoridade transcendente, lei paranoica do déspota, ele impõe uma distribuição descontínua dos períodos, com paradas entre os dois, uma repartição

131

descontínua dos blocos, com vazios entre os dois. Com efeito, a lei transcendente só pode reger pedaços que giram em torno dela à distância, e à distância uns dos outros. É uma construção astronômica. É a fórmula da absolvição aparente do Processo.

[132] E é o que a Muralha da China explica claramente: o modo fragmentário da muralha foi querido pelo Conselho dos chefes; e os fragmentos remetem de tal modo à transcendência imperial de uma unidade escondida que alguns pensam que a muralha descontínua encontra sua única finalidade em uma *Torre* ("Primeiro a muralha, depois a torre").

Kafka não renunciará a esse princípio dos blocos descontínuos ou dos fragmentos distantes, girando em torno de uma lei transcendente desconhecida. Porque ele renunciaria, posto que é um estado do mundo, mesmo aparente (e o que é a astronomia?), e posto que esse estado funciona efetivamente em sua obra. Mas devemos juntar a isso construções de uma outra natureza, que respondem às descobertas dos romances, quando K se apercebe cada vez melhor de que a lei transcendente imperial remete, de fato, a uma justiça imanente, a um agenciamento imanente de justiça. A lei paranoica dá lugar a uma lei-esquiza; a absolvição aparente dá lugar à moratória ilimitada; a transcendência do dever sobre o campo social dá lugar a uma imanência do desejo nômade através de todo esse campo. É dito claramente na Muralha da China, sem ser desenvolvido: há nômades que dão testemunho de uma outra lei, de um outro agenciamento, e que varrem tudo à sua passagem, da fronteira à capital, o imperador e sua guarda sendo encantoados por trás da janela ou por trás das grades. Então, Kafka não procede mais por infinito-limitado-descontínuo, mas por finito-contíguo-contínuo-ilimitado. (A continuidade lhe parecerá sempre a condição para escrever, não somente escrever romances, mas mesmo novelas, por exemplo, o Veredito. O inacabado não é mais o fragmentário, mas o ilimitado.[1])

---

[1] [1] Maurice Blanchot, que analisou tão bem a escrita fragmentária, é ainda mais capaz de marcar a força do contínuo em Kafka (mesmo se

O que se passa do ponto de vista do contínuo? Kafka [133] não abandona os blocos. Mas se dirá de início que esses blocos, em lugar de se distribuir sobre um círculo do qual somente certos arcos são traçados, alinham-se sobre um corredor ou passagem: cada um forma então um segmento mais ou menos distante sobre essa linha reta ilimitada. Mas isso não faz ainda uma mudança suficiente. É preciso que os próprios blocos, já que eles persistem, mudem ao menos de forma passando de um ponto de vista ao outro. E, com efeito, se é verdade que cada bloco-segmento tem uma abertura ou uma porta sobre a linha do corredor, geralmente bem longe da porta ou da abertura do bloco seguinte, todos os blocos não têm menos portas dos fundos que, elas, são contíguas. É a topografia mais espantosa em Kafka, e que não é somente uma topografia "mental": dois pontos diametralmente opostos se revelam bizarramente em contato. Essa situação se reencontra constantemente no Processo, em que K, abrindo a porta de um quartinho bem próximo a seu escritório no banco, encontra-se em um lugar de justiça em que se castigam dois inspetores; indo ver Titorelli "em um subúrbio diametralmente oposto ao do tribunal", ele se apercebe de que a porta do fundo no quarto do pintor dá precisamente nesses mesmos locais de justiça. É o mesmo em América, e no Castelo. Dois blocos sobre uma linha contínua ilimitada, tendo portas muito distantes umas das outras, não deixam de ter portas dos fundos contíguas, e que os tornam eles mesmos contíguos. E ainda simplificamos: o corredor pode ter um ângulo, a portinha pode ser rebatida sobre a linha de corredor, se bem que as coisas sejam ainda mais surpreendentes. E depois a linha de corredor, a linha [134] reta ilimitada reserva outras surpresas, porque ela pode se conjugar em certa medida com o princípio do círculo descontínuo e da torre (assim, a mansão de América, ou bem o Castelo que comporta uma torre tanto quanto um conjunto de pequenas casas contíguas).

---

ele o interpreta de uma maneira negativa e sob o tema da "falta"): cf. *L'Amitié* [*A amizade*], Gallimard, p. 316-319.

BLOCOS, SÉRIES, INTENSIDADES

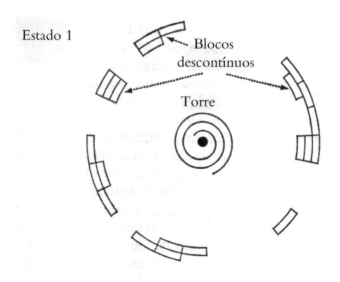

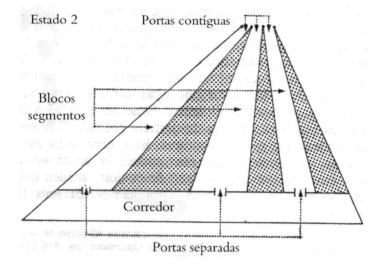

[135]   Tentemos representar sumariamente esses dois estados de arquitetura:

Estado 1	*Estado 2*
Vista do alto ou de baixo	Vista de face, da passagem
Escadas	Teto baixo
Plongées e contra-plongées[2]	Grande ângulo e profundidade de campo
Descontinuidade dos blocos-arcos	Ilimitado do corredor imanente
Modelo astronômico	Modelo terrestre ou subterrâneo
Distante e próximo	Longínquo e contíguo

NOTA I: Devemos insistir ao mesmo tempo na distinção real dos dois estados de arquitetura, e sobre sua possível penetração mútua. São distintos porque correspondem a duas burocracias diferentes, a velha e a nova, a velha burocracia chinesa imperial despótica, a nova burocracia capitalista ou socialista. Eles se penetram porque a nova burocracia não desprende facilmente suas formas: não somente pessoas "creem" na velha burocracia (noção de crença em Kafka), mas esta não é uma máscara para a nova. A burocracia moderna nasce naturalmente em formas arcaicas, que ela reativa e que ela muda dando-lhes uma função perfeitamente atual. É por isso que os dois estados de arquitetura têm uma coexistência essencial, que Kafka descreve na maior parte de seus textos: os dois estados funcionam um no outro, e no mundo moderno. Superposição da hierarquia celeste, *e* contiguidade dos escritórios quase subterrâneos. Kafka pessoalmente está na articulação das duas burocracias: a companhia de seguros, depois a Previdência Social em que ele trabalha ocupam-se dos negócios de um capitalismo avançado, mas têm elas mesmas uma estrutura arcaica e já ultrapassada de velho capitalismo e de antiga burocracia. Mais geralmente, é difícil pensar que Kafka, muito atento à revolução de 17, não tenha ouvido falar perto do fim de sua vida dos projetos da vanguarda e dos construtivistas russos. O projeto de Tatlin para a III Internacional é de 1920: torre em espiral com quatro câmaras rotativas,

[136]

---

[2] Termos que designam posições da câmera nos filmes. *Plongée* é um plano feito com a câmera acima do objeto filmado. No contra-plongée, ao contrário, a câmera está abaixo do objeto filmado. (N.T.)

BLOCOS, SÉRIES, INTENSIDADES

girando em ritmos diferentes segundo um modelo astronômico (o legislativo, o executivo, etc.). O projeto de Moholy-Nagy, húngaro, é de 1922: as pessoas se tornam "uma parte da função da torre", que comporta um caminho exterior com parapeito, uma espiral interior sem proteção, dita "caminho dos atletas", um elevador e uma grande vassoura. Vanguarda paranoica. Parece que a função mais moderna tenha mais ou menos voluntariamente reativado as formas as mais arcaicas ou legendárias. Aí, também, há penetração mútua das duas burocracias, a do passado e a do futuro (estamos ainda nisso hoje em dia). Levando em conta essa mistura, podem-se somente distinguir como dois polos os *arcaísmos com função atual*, e as *neoformações*. Parece-nos que Kafka é um dos precursores em tomar consciência desse problema histórico, ao menos tanto quanto certos de seus contemporâneos mais "engajados", tais como os construtivistas e os futuristas. Por exemplo, Khlebnikov inventa duas linguagens, das quais se perguntou em que medida elas se reuniam, em que medida elas se distinguiam: a "língua estelar", astronômica, algorítmica, de lógica pura e de alto formalismo; e o "zaoum", subterrâneo, procedendo por pura matéria assignificante, intensidade, sonoridade, contiguidade. Há aí como dois estilos espantosos de burocracia, cada um levado ao extremo, ou seja, seguindo sua linha de fuga. Com meios totalmente outros, o problema de Kafka é o mesmo, concernindo para ele também a linguagem, a arquitetura, a burocracia, as linhas de fuga.

[137]

NOTA II: A que ponto os dois estados estão misturados, seria preciso para mostrá-lo tomar o exemplo detalhado do Castelo. Pois o próprio castelo guarda muitas estruturas correspondentes ao primeiro estado (a altura, a torre, a hierarquia). Mas essas estruturas são constantemente corrigidas, ou se atenuam em proveito do segundo estado (encadeamento e contiguidade dos escritórios nas fronteiras moventes). E, sobretudo, o Hotel dos Senhores faz triunfar o segundo estado, com seu longo corredor, seus quartos contíguos e sujos onde os funcionários trabalham na cama.

NOTA III: Tudo isso poderia explicar o encontro de Orson Welles com Kafka. O cinema tem com a arquitetura

136 FILÔMARGENS

uma relação mais profunda do que com o teatro (Fritz Lang arquiteto). Ora, Welles sempre fez coexistirem dois modelos arquiteturais dos quais se serviu muito conscientemente. O modelo 1 é o dos esplendores e decadências, em arcaísmos, mas com função perfeitamente atual, subidas e descidas seguindo escadas infinitas, *plongées* e *contre-plongées*. O modelo 2 é o dos grandes ângulos e profundidades de campo, corredores ilimitados, transversais contíguas. Cidadão Kane ou *The magnificent Ambersons* [*Os magníficos Ambersons*] privilegiam o primeiro modelo, a *Dama de Xangai* o segundo. O *Terceiro Homem*, que não é, contudo, assinado por Welles, reúne os dois nesta mistura estranha de que falávamos: as escadas arcaicas, a grande roda vertical no céu; os esgotos-rizoma mal colocados sob a terra, com a contiguidade das galerias. Sempre a espiral paranoica infinita, e a linha esquizoide ilimitada. O filme sobre o Processo combina ainda melhor os dois movimentos; e uma cena como a de Titorelli, as menininhas, o longo corredor de madeira, os longínquos e as contiguidades repentinas, as linhas [138] de fuga, mostram a afinidade do gênio de Welles com Kafka.

NOTA IV: Porque colocamos de um mesmo lado *o longínquo e o contíguo* (estado 2), e de um outro lado *o distante e o próximo* (estado 1)? Não é uma questão de palavras, a gente poderia escolher outras, é uma questão de experiência e de noção. Na figura arquitetural da muralha e da torre, é verdade que os blocos que fazem arcos de círculo estão próximos uns dos outros: a gente os reúne por pares. É verdade também que eles estão e permanecem distantes, porque brechas permanecem entre os pares, que não serão nunca preenchidas. E depois a lei transcendente, a torre infinita está infinitamente distante de cada bloco; e ao mesmo tempo ela está sempre próxima não cessando de enviar seu mensageiro a cada um, aproximando-se de um quando se afasta do outro e inversamente. A lei infinitamente distante emite hipóstases, envia emanações sempre mais próximas. Ora distante, ora próxima, é a fórmula dos períodos, ou das fases sucessivas da absolvição aparente. Distante e próxima ao mesmo tempo, é a fórmula da lei que regula esses períodos e essas fases (o grande paranoico não está sempre sobre nossas costas, e, no entanto, retirado numa distância infinita?). O texto da Muralha da China, "Uma Mensagem imperial", resume bem essa situação: o imperador está próximo de cada um de nós, e nos envia sua emanação, mas ele não é menos o Todo-distante, pois o mensageiro não chegará jamais, demasiados meios a atravessar, coisas demais fazendo obstáculo, elas mesmas distantes umas das outras. Enquanto isso, do outro lado, há *longínquo e contíguo*. Longínquo se opõe a próximo, contíguo se opõe a distante. Mas, assim também, no grupo das experiências ou noções, longínquo se opõe a distante, contíguo se opõe a próximo. Com efeito, os escritórios são muito longínquos uns dos outros, pelo comprimento do corredor que os separa (eles não são próximos), mas eles são contíguos pelas portas dos fundos que os reúnem, sobre esta mesma linha ainda (não são distantes). O texto essencial a esse respeito seria o curto aforismo em que Kafka diz que a aldeia contígua é, ao mesmo tempo, tão longínqua que é preciso mais de uma existência para a ela chegar. Problema kafkiano: é preciso "crer" que este texto diz a mesma coisa que o da Mensagem imperial? Não é preciso antes crer que ele diz exatamente o contrário? Pois próximo *e* distante fazem parte da mesma dimensão, a altura, percorrida pelo eixo de um movimento que traça a figura de um círculo em que um ponto se afasta e se aproxima. Mas contíguo *e* distante fazem parte de uma outra dimensão, o comprimento, a linha reta retilínea, transversal à trajetória do movimento, e que torna contíguos os segmentos mais longínquos. Para ser mais concreto, dir-se-á que o pai e a mãe, por exemplo, na Metamorfose, são próximos e distantes: são emanações da Lei. Mas a irmã, ela, não é próxima: ela é contígua, contígua e longínqua. Ou então o burocrata, "o outro" burocrata, é sempre contíguo, contíguo e longínquo.

Os dois grupos arquiteturais que funcionam se repartem, portanto, assim: de uma parte o infinito, limitado-descontínuo-próximo e distante, de outra parte o ilimitado-contínuo-infinito-longínquo e contíguo. Ora, de uma parte e de outra, Kafka procede por *blocos*. "Blocos", a coisa e a palavra aparecem constantemente no Diário, tanto para designar unidades de expressão, quanto unidades de conteúdo e para marcar ora um defeito, ora uma virtude. A virtude é "fazer bloco com todas (as suas) forças".[3] Mas o defeito é que há também blocos de artifício [140] ou de estereótipo. Kafka qualifica assim o procedimento de composição de Dickens, que ele admira muito e cujo modelo ele toma para América. Sua admiração não se dá, contudo, sem reticência, concernindo essa constituição dos blocos em Dickens: "Grosseiras descrições de caracteres, verdadeiros blocos que são trazidos artificialmente para cada personagem e sem os quais Dickens não estaria mesmo uma só vez em condições de montar rapidamente até o alto de sua história".[4] E, através da obra mesma de Kafka, cremos que os blocos mudam de natureza e de função, tendendo em direção a um uso cada vez mais sóbrio e afinado. Em um primeiro sentido, há blocos que correspondem à construção fragmentária da Muralha da China: blocos separados que se distribuem em arcos de círculo descontínuos (blocos-arcos). Em um segundo sentido, os blocos são segmentos bem determinados que já se alinham sobre uma reta ilimitada, mas com intervalos variáveis: tal é a composição de América, tanto do ponto de vista da expressão quanto dos conteúdos, a mansão, o hotel, o teatro (blocos-segmentos). Mas o Processo dá ao método uma nova perfeição: a contiguidade dos escritórios. Os segmentos sobre a linha reta ilimitada se tornam contíguos, por mais distantes que estejam uns dos outros; também perdem seus limites precisos, em proveito de barreiras moventes que se deslocam e se precipitam com eles na segmentação contínua (blocos-séries). E sem dúvida essa perfeição topográfica é levada ao mais alto ponto no Processo mais ainda que no Castelo. Mas, inversamente, se o Castelo opera por sua conta um outro progresso, é porque ele rompe com o que era demasiado espacial no Processo, para trazer à luz do dia o que estava já ali, mas ainda recoberto nas figuras de espaço: as séries se tornam intensivas, a viagem se revela em intensidade, [141] o mapa é um mapa de intensidades, e as barreiras moventes

---

[3] [2] Cf. BROD, *Franz Kafka*, p. 238 (Brod reproduz um "programa de vida" de Kafka).

[4] [3] *Journal* [*Diário*], p. 503.

BLOCOS, SÉRIES, INTENSIDADES

são elas mesmas "Limiares" (*blocos de intensidades*). É assim que todo o primeiro capítulo do Castelo funciona já desse modo, de limiar em limiar, de intensidades baixas em intensidades altas e inversamente, em uma cartografia que não é certamente interior ou subjetiva, mas que cessou de ser espacial antes de tudo. Intensidade baixa da cabeça curvada, intensidade alta da cabeça que se reergue e do som que escoa, passagem de uma cena à outra por limiares: a linguagem tornada intensiva faz escoar os conteúdos seguindo este novo mapa.

O que implica um certo meio, de uma só vez, como procedura de expressão e procedimento de conteúdo. Esse meio estava já presente em América e no Processo. Mas ele se revela agora com uma força particular, e dá aos blocos seu quinto e último sentido, enquanto *blocos de infância*. A memória de Kafka não fora jamais boa: tanto melhor, pois a lembrança de infância é incuravelmente edipiana, impede e bloqueia o desejo sobre uma foto, rebate a cabeça do desejo e o corta de todas as suas conexões ("Lembranças, não é? Disse-lhe eu. Em si a lembrança é triste, triste também seu objeto!"[5]). A lembrança opera uma reterritorialização da infância. Mas o bloco de infância funciona totalmente de outro modo: ele é a única verdadeira vida da criança; ele é desterritorializante; desloca-se no tempo, com o tempo, para reativar o desejo e fazer suas conexões proliferarem; ele é intensivo, e, mesmo nas baixas intensidades, relança delas uma alta. O incesto com a irmã, a homossexualidade com o artista são desses tais blocos de infância (como dá testemunho já o bloco das meninhas na casa de Titorelli). O primeiro capítulo do Castelo faz funcionar um bloco de infância de uma maneira exemplar, quando K, em um momento de baixa intensidade (decepção diante do Castelo), relança ou reativa o conjunto injetando na torre do castelo o campanário desterritorializado de sua aldeia natal. Seguramente, as crianças não vivem como nossas lembranças de adulto nos fazem crer, nem mesmo como elas o creem segundo suas próprias lembranças quase contemporâneas

---

[5] [4] *Descrição de um combate.*

daquilo que fazem. A lembrança diz "pai! mãe!", mas o bloco de infância está alhures, em intensidades mais altas que a criança compõe com suas irmãs, seus camaradas, seus trabalhos e seus jogos, e todos os personagens não parentais sobre os quais ela desterritorializa seus pais cada vez que pode. Ah, a sexualidade infantil, não é certamente Freud que dá uma boa ideia dela. Certo, a criança não cessa de se reterritorializar em seus pais (a foto); é que ela tem necessidade de intensidades baixas. Mas, em suas atividades como em suas paixões, ela é, a um só tempo, a mais desterritorializada e a mais desterritorializante, o Órfão.[6] Também forma ela um bloco de desterritorialização, que se desloca com o tempo, sobre a linha reta do tempo, vindo reanimar o adulto como se reanima uma marionete, e reinjetando-lhe conexões vivas. [143]

Os blocos de infância, não somente como realidades, mas como método e disciplina, não cessam de se deslocar no tempo, injetando um pouco de criança no adulto, ou um pouco de suposto adulto na criança verdadeira. Ora, esse transporte produz em Kafka e em sua obra um *maneirismo* muito curioso. Não é de modo algum o maneirismo por símbolos e por alegorias da escola de Praga. Não é tampouco o maneirismo dos que "se

---

[6] [5] Kafka escreve uma carta a sua irmã Elly, que é como a contrapartida da *Carta ao pai* (cf. BROD, p. 341-350). Valendo-se de Swift, Kafka opõe o animal familiar e o animal humano. A criança como animal familiar é presa em um sistema de poder em que os pais "arrogam-se o direito exclusivo de representar a família". Todo esse sistema da família consiste nos dois polos coexistentes: abaixar e fazer abaixar a cabeça ("escravidão e tirania"). A vida espontânea da criança como animal humano é de fato alhures, em uma certa desterritorialização. Também deve ela deixar muito rápido o meio familiar, como Kafka queria para seu sobrinho Félix. A menos que a criança seja de família pobre, pois, então, "a vida e o trabalho penetram inevitavelmente na cabana" (não há mais assentamento sobre um *caso individual*, a criança é imediatamente ligada a um campo social extraparental). Mas, se não é um pobrezinho, o ideal é que a criança parta, pronta a "voltar à sua aldeia natal *como estrangeira*, esquecida por todos, salvo por sua mãe que termina por reconhecê-la, e eis o verdadeiro milagre do amor materno". É que o bloco de infância funcionou na mãe.

fazem de" criança, ou seja, que a imitam ou a representam. É um maneirismo de sobriedade, sem lembrança, em que o adulto é tomado em um bloco de infância, sem cessar de ser adulto, como a criança pode ser presa em um bloco de adulto sem cessar de ser criança. Não é uma troca artificial de "papéis", é, aqui ainda, a estrita contiguidade de dois segmentos distantes. Um pouco como vimos para o devir-animal: um devir-criança do adulto preso no adulto, um devir-adulto da criança preso na criança, os dois contíguos. O Castelo apresenta eminentemente essas cenas intensivas maneiristas: no primeiro capítulo, os homens que se banham e se reviram na bacia, enquanto as crianças olham e são respingadas; e, inversamente, mais tarde, o pequeno Hans, o filho da mulher de negro, "guiado por uma multidão de ideias infantis, infantil como era a gravidade da qual todos os seus atos estava impressa",[7] adulto como uma criança pode sê-lo (reencontra-se, então, a referência à cena da bacia). Mas já no Processo há uma grande cena maneirista: quando os policiais são punidos, toda a passagem é tratada como bloco de infância, cada linha mostra que são crianças que se chicoteiam e que gritam, a sério somente em parte. Parece bem, nesse aspecto, que as crianças, segundo Kafka, vão mais

[144] longe que as mulheres: elas formam um bloco de transporte e de desterritorialização mais intenso que a série feminina, elas são pegas em um maneirismo mais forte ou em um agenciamento mais maquínico (assim, as menininhas na casa de Titorelli; e, na Tentação na aldeia, a relação com a mulher e a relação com as crianças estão em uma posição respectiva complexa). Ainda seria preciso falar de um outro maneirismo em Kafka, uma espécie de maneirismo mundano: "A horrível polidez"[8] dos dois senhores do processo que vêm executar K, à qual K responde enfiando suas luvas novas; e depois a maneira pela qual eles

---

[7] "[…] eram sobretudo essas ideias infantis que o dominavam. Correspondia a isso, também, a seriedade que transparecia em tudo o que fazia" (KAFKA, 2000, p. 215). (N.T.)

[8] KAFKA, 1997, p. 277. "[…] repulsivas cortesias […]" (N.T.)

repassam a faca de açougueiro por sobre o corpo de K. Os dois maneirismos têm como que funções complementares opostas: o maneirismo de polidez tende a afastar o contíguo (Guarde tuas distâncias! Uma mesura, uma saudação muito renitente, uma submissão muito insistente, e é uma maneira de dizer merda). O maneirismo de infância faz antes a operação inversa. Mas, nelas duas, as duas maneiras, os dois polos do maneirismo, constituem a *clowneria* esquizo de Kafka. Os esquizofrênicos conhecem bem uma como a outra, é sua maneira de desterritorializar as coordenadas sociais. É provável que Kafka se servisse delas admiravelmente, em sua vida tanto quanto em sua obra: a arte maquínica da marionete (Kafka fala frequentemente de seus maneirismos pessoais, estalo de maxilar e contraturas, que vão quase até à catatonia).[9]

---

[9] [6] Uma vez mais, seria preciso comparar com Proust, que serve admiravelmente dos dois polos do maneirismo: o maneirismo mundano como arte do longínquo, inchamento do obstáculo-fantasma, e o maneirismo infantil como arte do contíguo (não somente as célebres lembranças involuntárias são verdadeiros blocos de infância, mas a incerteza sobre a idade do narrador a tal ou qual momento). Em outros conjuntos, as duas maneiras funcionam igualmente bem em Hölderlin ou em Kleist.

CAPÍTULO 9 [145]

O que é um agenciamento?

O enunciado e o desejo, a expressão e o conteúdo

Um agenciamento, objeto por excelência do romance, tem duas faces: é agenciamento coletivo de enunciação, é agenciamento maquínico de desejo. Não somente Kafka é o primeiro a demonstrar essas duas faces, mas a combinação que delas ele dá é como uma assinatura pela qual os leitores o reconhecem necessariamente. Seja o primeiro capítulo de *América*, publicado separadamente sob o título de "O Foguista". Trata-se bem da caldeiraria como máquina: K reivindica constantemente sua intenção de ser engenheiro, ou, pelo menos, mecânico. Se a caldeiraria, contudo, não é descrita por si mesma (o barco, aliás, é preso), é que jamais uma máquina é simplesmente técnica. Ao contrário, ela só é técnica como máquina social, tomando homens e mulheres em suas engrenagens, ou, antes, tendo homens e mulheres dentre suas engrenagens, não menos que coisas, estruturas, metais, matérias. Bem mais, Kafka não pensa somente nas condições de trabalho alienado, mecanizado, etc.: ele conhece tudo isso de muito perto, mas seu gênio é considerar que os homens e as mulheres fazem parte da máquina, não somente em seu trabalho, mas ainda mais em suas atividades adjacentes, seu descanso, seus amores, seus protestos, suas indignações, etc. O mecânico é uma parte da máquina, não somente enquanto mecânico, mas no momento em que [146]

147

ele cessa de sê-lo. O caldeireiro faz parte da "casa das máquinas" mesmo e sobretudo quando ele persegue Line vinda da cozinha. A máquina não é social sem se desmontar em todos os elementos conexos, que fazem máquina por seu turno. A máquina de justiça não é dita máquina metaforicamente: é ela que fixa o sentido primeiro, não somente com suas peças, seus escritórios, seus livros, seus símbolos, sua topografia, mas também com seu pessoal (juízes, advogados, oficiais de justiça), suas mulheres adjacentes aos livros pornôs da lei, seus acusados que fornecem uma matéria indeterminada. Uma máquina de escrever só existe em um escritório, o escritório só existe com secretários, subchefes e patrões, com uma distribuição administrativa, política e social, mas erótica também, sem a qual não haveria e nunca houve "técnica". É que a máquina é desejo, não que o desejo seja desejo *da* máquina, mas porque o desejo não cessa de fazer máquina na máquina, e de constituir uma nova engrenagem ao lado da engrenagem precedente, indefinidamente, mesmo se essas engrenagens parecem se opor, ou funcionar de maneira discordante. O que faz máquina, falando propriamente, são as conexões, todas as conexões que conduzem a desmontagem.

Que a máquina técnica seja ela mesma não mais que uma peça em um agenciamento social *que ela supõe*, e que sozinho merece ser chamado "maquínico", isso nos prepara para o outro aspecto: o agenciamento maquínico de desejo é também agenciamento coletivo de enunciação. É por isso que o primeiro capítulo de *América* é atravessado pelo protesto do caldeireiro alemão, que se queixa de seu superior imediato romeno, e da opressão que os alemães sofrem no barco. O enunciado pode ser de submissão, de protesto, de revolta, etc., ele faz plenamente parte da máquina. [147] O enunciado é sempre jurídico, ou seja, faz-se segundo regras, precisamente porque constitui o verdadeiro manual de instruções da máquina. Não no sentido em que as diferenças dos enunciados contariam pouco: importa muito, ao contrário, saber se é uma revolta ou uma requisição (Kafka mesmo dirá que se espanta com a docilidade dos trabalhadores acidentados: "Em lugar de tomar a casa de assalto e de embolsar tudo, eles vêm nos solicitar"[1]).

Mas, requisição, revolta ou submissão, o enunciado desmonta sempre um agenciamento do qual a máquina é uma parte; ele mesmo é uma parte da máquina, que vai fazer máquina, por seu turno, para tornar possível o funcionamento do conjunto, ou para modificá-lo, ou para fazê-lo saltar. Uma mulher pergunta a K no Processo: são reformas que você quer introduzir? No Castelo, K se situa imediatamente em uma relação de "combate" com o castelo (e, em uma variante, a intenção combativa aparece ainda mais claramente). Mas, de todas as maneiras, há regras que são de desmontagem, em que não se sabe mais muito bem se a submissão não esconde a maior revolta, e se o combate não implica a pior adesão. Nos três romances, K se reconhece nesta mistura espantosa: ele é engenheiro ou mecânico segundo as engrenagens da máquina, ele é jurista e pleiteante segundo os enunciados do agenciamento (basta que K se ponha a falar para que seu tio, que, no entanto, jamais o viu, o reconheça: "Você é o meu querido sobrinho! Há um bom tempo que eu começava a desconfiar..."[2]). Nada de agenciamento maquínico que não seja agenciamento social de desejo, nada de agenciamento social de desejo que não seja agenciamento coletivo de enunciação. Kafka pessoalmente está na fronteira. Ele não está somente na articulação entre duas burocracias, a velha e a nova. Ele está na [148] articulação da máquina técnica e do enunciado jurídico. Ele tem a experiência de sua reunião em um mesmo agenciamento. Na Previdência Social, ele se ocupa dos acidentes de trabalho, dos coeficientes de segurança dos tipos de máquina, dos conflitos patrão-operários e dos enunciados correspondentes.[3] E certamente, na obra de Kafka, não se trata da máquina técnica por si mesma, nem do enunciado jurídico por si mesmo; mas a máquina

---

[1] [1] Cf. BROD, p. 133.

[2] KAFKA, F. O desaparecido ou Amerika. Tradução de Susana Kampff Lages. São Paulo: Editora 34, 2012. p. 31 (N.T.)

[3] [2] WAGENBACH, Kafka par lui-même [Kafka por ele mesmo], p. 82-85 (Wagenbach cita um relatório detalhado de Kafka sobre a utilidade dos eixos cilíndricos nas plainas).

técnica fornece o modelo de uma forma de conteúdo válida para todo o campo social, e o enunciado jurídico, o modelo de uma forma de expressão válida para todo enunciado. O essencial em Kafka é que a máquina, o enunciado e o desejo façam parte de um só e mesmo agenciamento que dá ao romance seu motor e seu objeto ilimitados. É chocante ver Kafka reconduzido por certos críticos à literatura do passado, mesmo se se lhe atribui a ideia de fazer uma espécie de Suma ou de Bibliografia universal dela, uma Obra total por força de fragmentos. É uma visão demasiado francesa. Não mais que Don Quixote, Kafka não se passa nos livros. Sua biblioteca ideal compreenderia apenas livros de engenheiros ou de maquinistas, e de juristas enunciadores (mais alguns autores que ele ama por seu gênio, mas também por razões secretas). Sua literatura não é uma viagem através do passado, é a de nosso futuro. Dois problemas apaixonam Kafka: *quando se pode dizer que um enunciado é novo?* para o melhor e para o pior – *quando se pode dizer que um novo agenciamento se desenha?* diabólico ou inocente, ou mesmo os dois ao mesmo tempo. Exemplo do primeiro problema: quando o mendigo da Muralha da China traz um manifesto escrito pelos revolucionários da província ao lado, os signos utilizados "têm para nós um caráter arcaico", que nos fazem dizer: "Velhas histórias conhecidas há muito tempo e desde há muito tempo esquecidas". Exemplo do segundo: *as potências diabólicas do porvir que já batem à porta,* capitalismo, stalinismo, fascismo. É tudo isso que Kafka escuta, e não o ruído dos livros, mas o som de um futuro contíguo, o rumor dos novos agenciamentos que são de desejos, de máquinas e de enunciados, e que se inserem nos velhos agenciamentos ou que rompem com eles.

[149]

E, de início, em que sentido o enunciado é sempre coletivo, mesmo quando ele parece emitido por uma singularidade solitária como aquela do artista? É que o enunciado não remete jamais a um sujeito. Ele não remete mais a uma dupla, ou seja, a dois sujeitos dos quais um agiria como causa ou sujeito de enunciação, e o outro como função ou sujeito de enunciado. Não há um sujeito que emite o enunciado, nem um sujeito cujo enunciado seria emitido. É verdade que os linguistas que se servem dessa complementaridade a definem de uma maneira mais complexa e consideram "a marca do processo de enunciação no enunciado" (cf. os termos do tipo *eu, tu, aqui, agora*). Mas de qualquer maneira que esta relação seja concebida, não acreditamos que o enunciado possa ser reportado a um sujeito, duplicado ou não, clivado ou não, refletido ou não. Voltemos ao problema da produção de novos enunciados; e ao problema da literatura dita menor, já que esta, nós o vimos, está na situação exemplar de produzir enunciados novos. Ora, quando um enunciado é produzido por um Celibatário ou uma singularidade artista, ele só o é em função de uma comunidade nacional, política e social, mesmo se as condições objetivas dessa comunidade não estão ainda dadas no momento fora da enunciação literária. Donde as duas teses principais de [150] Kafka: a literatura como relógio que adianta, e como tarefa do povo. A enunciação literária a mais individual é um caso particular de enunciação coletiva. É mesmo uma definição: um enunciado é literário quando ele é "assumido" por um Celibatário que adianta as condições coletivas de enunciação. O que não quer dizer que esta coletividade, ainda não dada (para o melhor e para o pior), seja, por seu turno, o verdadeiro sujeito de enunciação, nem mesmo o sujeito do qual se fala no enunciado: em um ou em outro caso, recair-se-ia em uma sorte de ficção científica. Não mais que o Celibatário não é um sujeito, a coletividade não é um sujeito, nem de enunciação, nem de enunciado. Mas o celibatário atual e a comunidade virtual, todos os dois reais – soa as peças de um agenciamento coletivo. E não basta dizer que o agenciamento produz o enunciado como o faria um sujeito; ele é em si mesmo um agenciamento de enunciação em um processo que não deixa lugar para um sujeito qualquer assinalável, mas que permite tanto mais marcar a natureza e a função dos enunciados, já que estes não existem a não ser como engrenagens de um tal agenciamento (não como efeitos nem produtos).

É por isso que é inútil perguntar-se quem é K. É ele o mesmo nos três romances? É ele diferente de si mesmo em cada romance? Pode-se dizer mais ainda que, em suas cartas,

Kafka se serve completamente do Duplo, ou da aparência dos dois sujeitos, de enunciação e de enunciado: mas ele se serve dele apenas para um jogo e uma empresa bizarra, colocando a maior ambiguidade em sua distinção, não tendo outro cuidado que não o de embaralhar a pista e fazer com que eles troquem seu papel respectivo. Nas novelas, é já o agenciamento que toma o lugar de todo sujeito. Mas ou bem é uma máquina transcendente e reificada, que guarda a forma de um sujeito [151] transcendental; ou bem é um devir-animal que suprime já o problema do sujeito, mas que desempenha somente o papel de índice do agenciamento; ou bem é o devir-coletivo molecular, que o animal indicava precisamente, mas que tem ainda o ar de funcionar como sujeito coletivo (o povo dos camundongos, o povo dos cachorros). Kafka, em sua paixão de escrever, concebe explicitamente as novelas como uma contrapartida das cartas, como um meio de conjurar as cartas e a armadilha persistente da subjetividade. Mas as novelas permanecem imperfeitas nesse aspecto, simples patamares ou tréguas de uma noite. É com os projetos de romances que Kafka atinge a solução final, é verdade, ilimitada: K não será um sujeito, mas *uma função geral que prolifera sobre ela mesma*, e que não cessa de se segmentarizar, e de escoar sobre todos os segmentos. Ainda se deve precisar cada uma dessas noções. De um lado, "geral" não se opõe a indivíduo; "geral" designa uma função, o indivíduo o mais solitário tem uma função tanto mais geral quanto mais se conecta a todos os termos das séries pelas quais ele passa. No Processo, K é bancário, e, sobre esse segmento, em conexão com toda uma série de funcionários, de clientes, e com sua namorada Elsa; mas ele é também preso, em conexão com inspetores, testemunhos, e com a senhorita Bürstner; e ele é acusado, em conexão com oficiais de justiça, juízes, e com a lavadeira; e ele é pleiteante, em conexão com advogados e com Leni; e ele é artista, em conexão com Titorelli e as menininhas... Não se pode dizer melhor que a função geral é indissoluvelmente social e erótica: o funcional é ao mesmo tempo o funcionário e o desejo. De outro lado, é verdade que os duplos continuam a desempenhar um grande papel em cada uma dessas séries da função geral, mas como pontos de partida, ou como uma última homenagem ao problema dos dois sujeitos; isso não é menos ultrapassado, e K prolifera sobre si, sem ter necessidade de se duplicar nem de passar por duplos. Enfim, trata-se menos de K como função geral assumida por um indivíduo que como *funcionamento de um agenciamento polívoco do qual o indivíduo solitário é uma parte*, a coletividade que se aproxima, uma outra parte, uma outra engrenagem – sem que se saiba ainda qual é esse agenciamento: fascista? revolucionário? socialista? capitalista? ou mesmo os dois de uma vez, ligados da maneira a mais repugnante ou a mais diabólica?, não se sabe, mas se tem necessariamente ideias sobre todos esses pontos, Kafka nos ensinou a ter. [152]

Por que, desde então, no agenciamento de desejo, o aspecto "jurídico" de enunciação ganha do aspecto "maquínico" de enunciado ou da coisa mesma? Ou, em todo caso, se ele não ganha, ele o ultrapassa. O respeito pelas formas em Kafka, o extraordinário respeito dos três K pelos grandes conjuntos de América, pelo aparelho já stalinista de justiça, pela máquina já fascista do Castelo, não dá testemunho de qualquer submissão, mas das exigências e necessidades de uma enunciação metódica. É nisso que o direito serve a Kafka. A enunciação precede o enunciado, não em função de um sujeito que produziria este, mas em função de um agenciamento que faz daquela sua primeira engrenagem, com as outras engrenagens que seguem e se colocam no lugar aos poucos. Em cada série do Castelo ou do Processo pode-se encontrar uma enunciação, mesmo rápida ou alusiva, sobretudo assignificante, no entanto, imanente a toda a série: no primeiro capítulo do Castelo, tal frase ou tal gesto de um camponês, do professor, etc., não formam enunciados, mas enunciações desempenhando o papel de conectores. Esse primado da enunciação nos remete ainda às condições da literatura menor: é a expressão que adianta ou avança, é ela que precede os conteúdos, seja para prefigurar as formas rígidas em que eles vão escorrer, seja para fazê-los escoar sobre uma linha de fuga ou de transformação. Mas esse primado não implica qualquer "idealismo". Pois as expressões ou as enunciações [153] não são menos estritamente determinadas pelo agenciamento que os conteúdos mesmos. E é um só e mesmo desejo, um só e mesmo agenciamento que se apresenta como agenciamento maquínico de conteúdo e agenciamento coletivo de enunciação. O agenciamento não tem somente duas faces. De um lado, ele é segmentário, estendendo-se ele mesmo sobre vários segmentos contíguos, ou se dividindo em segmentos que são, por seu turno, agenciamentos. Essa segmentaridade pode ser mais ou menos dura ou flexível, mas essa flexibilidade é tão constritiva e mais sufocante que a dureza, como no Castelo, em que os escritórios contíguos parecem não ter mais que barreiras móveis que tornam ainda mais insensata a ambição de Barnabé: sempre um outro escritório depois daquele em que se entrou, sempre um outro Klamm por trás do que se viu. Os segmentos são, a um só tempo, poderes e territórios: também captam o desejo, territorializando-o, fixando-o, fotografando-o, colando-o sobre uma foto ou em roupas colantes, dando-lhe uma missão, extraindo dele uma imagem de transcendência à qual ele se prende, a ponto de se opor a si mesmo essa imagem. Vimos, nesse sentido, como cada bloco-segmento era uma concreção de poder, de desejo, e de territorialidade ou de reterritorialização, regida pela abstração de uma lei transcendente. Mas, de outra parte, deve-se dizer igualmente que um agenciamento tem *pontas de desterritorialização*, ou, que dá no mesmo, que ele tem sempre uma *linha de fuga*, pela qual ele mesmo foge, e faz escoar suas enunciações ou suas expressões que se desarticulam, não menos que seus conteúdos que se deformam ou se metamorfoseiam; ou ainda, o que dá no mesmo, que o agenciamento se estende ou penetra em um *campo de imanência ilimitado* que faz fundir os segmentos, que libera o desejo de todas as suas concreções e abstrações, ou, ao menos, luta ativamente contra elas e para dissolvê-las. Essas três coisas são bem a mesma: o campo de justiça contra a lei transcendente; a linha contínua de fuga contra a segmentaridade dos blocos; as duas grandes pontas de desterritorialização, uma arrastando primeiro as expressões em um som que escoa ou em uma linguagem de intensidades (contra as fotos), a outra arrastando os conteúdos "de ponta cabeça virando cambalhota" (contra a cabeça abaixada do desejo). Que a justiça imanente, a linha contínua, as pontas ou singularidades sejam bem ativas e criadoras, compreende-se de acordo com a maneira pela qual elas se agenciam e fazem máquina por seu turno. É sempre nas condições coletivas, mas de minoridade, nas condições de literatura e de política "menores", mesmo se cada um de nós teve que descobrir em si mesmo sua minoridade íntima, seu deserto íntimo (levando em conta perigos da luta minoritária: reterritorializar-se, refazer fotos, refazer algo do poder e da lei, refazer também algo da "grande literatura").

Até agora, opúnhamos a máquina abstrata aos agenciamentos maquínicos concretos: a máquina abstrata era a da Colônia, ou bem Odradek, ou as bolas de pingue-pongue de Blumfeld. Transcendente e reificada, deixada às exegeses simbólicas ou alegóricas, ela se opunha aos agenciamentos reais que não valiam mais a não ser por si mesmos e se traçavam em um campo de imanência ilimitado – campo de justiça contra construção da lei. Mas, de um outro ponto de vista, seria preciso inverter esta relação. Em outro sentido de "abstrato" (não figurativo, não significante, não segmentário), é a máquina abstrata que passa do lado do campo de imanência ilimitado e se confunde agora com ele no processo ou movimento do desejo: então os agenciamentos concretos não são mais o que dá uma existência real à máquina abstrata, destituindo-a de seu fingimento transcendente, é antes o inverso, é a máquina abstrata que mede em teor o modo de existência e de realidade dos agenciamentos segundo a capacidade de que eles fazem prova de desfazer seus próprios segmentos, a empurrar suas pontas de desterritorialização, de escoar sobre a linha de fuga, de preencher o campo de imanência. A máquina abstrata é o campo social ilimitado, mas é também o corpo do desejo, e é também a obra contínua de Kafka, sobre os quais as intensidades são produzidas e em que se inscrevem todas as conexões e polivocidades. Citemos em desordem alguns dos agenciamentos de Kafka (não se pretende fazer uma lista exaustiva deles, já que uns podem agrupar já vários outros, ou

[155]

O QUE É UM AGENCIAMENTO? 155

ser eles mesmos partes de outros): o agenciamento das cartas, a máquina de fazer cartas; o agenciamento do devir-animal, as máquinas animalescas; o agenciamento do devir-feminino, ou do devir-infantil, os "maneirismos" dos blocos de mulher ou de infância; os grandes agenciamentos do tipo máquinas comerciais, máquinas hoteleiras, bancárias, judiciárias, burocráticas, funcionárias, etc; o agenciamento celibatário ou a máquina artística de minoridade, etc. É evidente que se dispõe de vários critérios para julgar seu teor e seu modo, mesmo em pequenos detalhes: 1º) Em que medida tal ou qual agenciamento pode prescindir do mecanismo "lei transcendente"? Quanto menos pode ele prescindir, menos ele é agenciamento real, mais ele é máquina abstrata no primeiro sentido do termo, mais ele é despótico. Por exemplo, o agenciamento familiar pode prescindir de uma triangulação, o agenciamento conjugal pode prescindir [156] de uma duplicação, que dele fazem as hipóstases legais mais do que agenciamentos funcionais? 2º) Qual a natureza da segmentaridade própria a cada agenciamento? Mais ou menos dura ou flexível na delimitação dos segmentos, mais ou menos rápida ou lenta na sua proliferação? Quanto mais os segmentos são duros ou lentos, menos o agenciamento é capaz de fugir efetivamente seguindo sua própria linha contínua ou suas pontas de desterritorialização, mesmo se essa linha é forte e essas pontas, intensas. Então, o agenciamento funciona somente como índice mais do que como agenciamento real-concreto: ele não chega a se efetuar a si mesmo, ou seja, a juntar-se ao campo de imanência. E quaisquer que sejam as saídas que indicava, é condenado ao fracasso, e se faz apanhar pelo mecanismo precedente. Exemplo: o fracasso do devir-animal notadamente na Metamorfose (reconstituição do bloco familiar). O devir-feminino parece já muito mais rico em flexibilidade e proliferação; mas mais ainda o devir-criança, as menininhas de Titorelli. Os blocos de infância ou os maneirismos infantis em Kafka parecem ter uma função de fuga e de desterritorialização mais intensa que a da série feminina. 3º) Levando em conta a natureza de sua segmentaridade e a velocidade de suas segmentações, qual é a aptidão de um agenciamento para transbordar seus próprios segmentos, ou seja, para se abismar na linha de fuga e para se espalhar no campo de imanência? Um agenciamento pode ter uma segmentaridade flexível e proliferante e, no entanto, ser tanto mais opressivo, e exercer um poder tanto maior quanto ele não seja ele mesmo despótico, mas realmente maquínico. Em lugar de desembocar sobre o campo de imanência, ele se segmentariza por seu turno. O falso fim do Processo opera mesmo uma triangulação típica. Mas, independentemente desse fim, qual é a aptidão do agenciamento Processo, do agenciamento Castelo, para se abrir sobre um campo de imanência [157] ilimitado que embaralha todos os escritórios segmentares, e que não sobrevém como um fim, mas já ali em cada limite, em cada momento? Nessas condições somente, não é mais a máquina abstrata (no primeiro sentido transcendente) que só se realiza no agenciamento, é o agenciamento que tende para a máquina abstrata (no segundo sentido imanente). 4°) Qual é a aptidão de uma máquina literária, de um agenciamento de enunciação ou de expressão, para formar ele mesmo essa máquina abstrata enquanto campo do desejo? Condições de uma literatura menor? Quantificar a obra de Kafka seria fazer entrar em jogo esses quatro critérios, de quantidades intensivas, produzir todas as intensidades correspondentes, das mais baixas às mais altas: a função K. Mas é justamente o que ele fez, é justamente sua obra contínua.

Este livro foi composto com tipografia Bembo e impresso
em papel Off-White 80 g/m² na Formato Artes Gráficas.